教育部人文社会科学研究“中国传统武术的哲学思想研究”
（批准号19YJA890026）项目资助

中国传统武术的哲学思想研究

◎武 冬 著

北京体育大学出版社

策划编辑：曾　莉　韩培付
责任编辑：韩培付
责任校对：米　安

图书在版编目（CIP）数据

中国传统武术的哲学思想研究 / 武冬著 . -- 北京：北京体育大学出版社，2021.11
ISBN 978-7-5644-3508-0

Ⅰ . ①中… Ⅱ . ①武… Ⅲ . ①武术—哲学思想—研究—中国 Ⅳ . ① G852-05

中国版本图书馆 CIP 数据核字（2021）第 248081 号

中国传统武术的哲学思想研究
ZHONGGUO CHUANTONG WUSHU DE ZHEXUE SIXIANG YANJIU　　武冬　著

出版发行：北京体育大学出版社
址　　址：北京市海淀区农大南路 1 号院 2 号楼 2 层办公 B-212
邮　　编：100084
网　　址：http://cbs.bsu.edu.cn
发 行 部：010-62989320
邮 购 部：北京体育大学出版社读者服务部 010-62989432
印　　刷：北京建宏印刷有限公司
开　　本：710mm × 1000mm　1/16
成品尺寸：170mm × 240mm
印　　张：12.25
字　　数：210 千字
版　　次：2021 年 11 月第 1 版
印　　次：2021 年 11 月第 1 次印刷
定　　价：86.00 元

摘　要

本书深入探索中国传统武术与哲学之间的关系，系统构建传统武术的哲理体系，打通“技”与“道”之隔，论证文武相通，体现中国传统武术深刻哲思精神，助力文化强国建设，增强文化自信。本书基于中西方哲学理论及对文献资料的综述分析，采用实践体悟和实证研究的方法，从传统武术本体出发，抓住太极拳等典型拳种，大视野小焦点，在人类演进维度上，俯瞰人性本能，全方位思考和论证课题假说。

研究结果表明：

（1）中国传统武术，是以拳势技击为主要内容，以传统文化为理论基础，以拳种为存在样式，融功法、套路、格斗三位一体为运动形式的一种人体技击文化。

（2）中国传统武术缘起于“攻防本能”，经过“本能力斗—方法技斗—升华劲斗”的攻防规训，是在同能异文交流，相对封闭地理等地缘，血缘人伦、师徒父子血缘，比类取象、传统中医等艺缘文化滋润下形成的拳种。

（3）根据中西方哲学本体核心理论研究，“拳种—拳势—身体”的结构，所产生出来的属性就应该是其本体。换言之，内外合整体劲是中国传统武术的本体所在，即整劲本体论。劲是一种激发人体攻防潜能的整体功能力。劲即武术之道，劲产生于筋，具有整体、可控、哲理特点，有静桩劲和动桩劲两种基本劲。

（4）从哲学层面分析中西方身心关系，传统武术“身”涵盖四肢百骸和身体形态；“心”由意气组成，身心意气一体，意到形、气生劲，形为基、气为媒；形成劲包括意识网络、气息管道、形体刚架三种模型。在功能优化、协同统一、稳态转化的原则下，形—意—气三者通过有机调配获得劲。

（5）体用与知行的哲学思辨，认知传统武术演练为体、对练为用，静为体、动为用的不同体用关系。身体的“感—知—悟”践行“力—心—躬”的实践，通过对拳的理解、阐释，证实知行先后、难易合一的关系。

（6）依据哲学的价值观点：人是价值主体、拳是价值客体、劲是价值媒介；传统武术具有技术全面、招法巧妙、手段多样的防身价值；具有外强筋骨肌肤、内壮脏腑气血，内外兼修的健身价值；练拳认识自己、强壮己心，培育以柔克刚的思想、舍己从人的技法、追求和谐大同之与他人相处之心；体认比类取象思维、天人合一思想，体悟生命情感的自然之道理所在。

（7）传统武术尊崇农耕文化的模拟血缘宗亲伦理观，形成了师父标准和择徒的身心要求，批判唯师唯争等弊端，继承家庭式的人文情怀，重新审视师徒制。

（8）本书用哲学的思考方式，透析当代传统武术存在传承瓶颈、标准不明、舆情失信等问题，反思传统武术概念模糊、标准量化缺失、文化传承异化不足，寻求突破思维、异同中求创新、同中建不同标准，以形意拳和太极拳为案例，进行拳种之间、拳种内部、拳势标准的实证研究，破解传承问题；在整体思维下，对太极拳进行概念的逻辑界定、科学解说，建构技道一体联系。

研究得出以下结论：

（1）中国传统武术、太极拳等重要概念可以进行形式逻辑界定；

（2）传统武术缘起于人类攻防本能，以太极拳为代表的拳种，保留了“增值报偿攻击”“示弱反击防御”等本能，形成了中国传统武术的技术特色和文化个性；

（3）传统武术的哲学体系由“内外整劲”（本体论）、“身心一体”（认识论）、“体用兼备”（知行论）、“求劲悟道”（价值论）、“师徒家庭”（伦理论）等五大论组成；

（4）传统武术沿着人类“求存”主轴线发展，由拳种的存在结构和丰富的不同技击特点二元维衡发展。其中，以太极拳为代表的拳种，由原始格斗功能的文明化，推动技道的不断一体化，体现出传统武术的深刻文化内涵；

（5）传统武术与哲学之间是武可证道，道可弘武的双向度关系，由此开启武哲之学。

关键词：中国传统武术；内外整劲；身心一体；体用兼备；求劲悟道；师徒家庭；太极拳。

Preface

This book deeply explores the relationship between traditional Chinese martial arts and philosophy, systematically constructs the philosophical system of martial arts, and bridges the gap between "technique" and "Tao". It demonstrates the interlinkage of literary talent and martial arts, and reflects the profound philosophical spirit embedded in traditional Chinese martial arts, which will contribute to the increase of cultural power and confidence. Based on Chinese and Western philosophical theories, and the analysis of related literatures and practical experience, an empirical research method is adopted to study traditional Chinese martial arts, such as Tai Chi. From a large vision but a small focus, in the dimension of human evolution, the human instinct is examined, verifying the hypotheses proposed in different perspectives.

Results obtained are as follows:

(1) Traditional Chinese martial arts have a traditional culture basis, and exists in the form of different boxing styles. It is a sport form that integrates the kung fu, series of skills and tricks, and fighting.

(2) Traditional Chinese martial arts originated from the "offensive and defensive instinct" of human beings, and then the offensive and defensive disciplines of "instinctive combat-combat method and skill-sublimation of vigorous combat" were formulated and followed. Influenced by factors of communication between different cultures, relatively closed geographical conditions, blood relationship, mentor and apprentice relationship, father and son kinship, comparison and abstraction, traditional Chinese medicine and other arts and cultures, various boxing styles have been formed.

(3) According to the core theories of Chinese and Western philosophy ontology, the attributes of the structure of "boxing style-boxing attitude-body" should be its body. In other words, the integrated of the internal and the external is the main body of traditional Chinese martial arts, namely Zhengti Jin ontology. Jin is an overall functional force that stimulates the human body's offensive and defensive

potential. Jin as the doctrine of martial arts is generated from tendons and has the characteristics of holistic, controllable and philosophical basis. There are two basic types of Jin: static pile Jin and dynamic pile Jin.

(4) The relationship between mind and body in Chinese and Western culture from a philosophical perspective is analyzed in this book. In traditional Chinese martial arts, the "body" encompasses limbs and body forms, and the "mind" is composed of spirit and energy. As a medium, the formation of Jin includes three models of consciousness network, breath pipeline, and rigid frame. Under the principles of function optimization, coordination and unity, and steady-state transformation, Jin is obtained through the organic blending of form, mind, and Qi.

(5) According to the philosophical thinking of "reality and appearance" and "knowing and doing", traditional Chinese martial arts function as a whole. The wisdom of "Three begetting all things" rationalizes the formation of "exercises-routines-application". The body's "sense-knowledge-apprehension" is the practice of "force-mind-body", which distinguishes the order, the degree of difficulty, and the unity of knowing and doing through the understanding, interpretation, and verification of boxing.

(6) According to philosophical values, human beings are the subject of value, boxing is the object of value, and Jin is the medium of value. Traditional Chinese martial arts embody the self-defense value of comprehensive techniques, ingenious moves, and diverse means. It highlights: the fitness value of both internal and external training for strong muscles and bones outside and internal vitality; practicing boxing to better know oneself, strengthening one's heart, cultivating the thought of overcoming strength with softness, the technique of self-sacrificing, the heart of getting along with others in the pursuit of harmony and unity; the idea of abstraction and the unity of human being and the nature, approaching the truth of life and emotion.

(7) Traditional martial arts respect the ethical concept of kinship in farming culture, forming the standards and the physical and mental requirements for choosing apprentices, criticizing the malpractice such as teacher-centered and fighting-oriented concepts, inheriting the family-style humanistic connotations, and re-examining the mentorship system.

(8) Based on philosophical thinking, the problems of inheritance bottlenecks, unclear standards, and the untrustworthy contemporary public opinion in traditional Chinese martial arts are analyzed. Problems such as the obscure concepts of martial arts, the lack of quantification of standards, and the insufficient cultural inheritance and alienation are studied. This book seeks to break through the thinking limitations, innovate based on similarities and differences, and set different standards from similarities. With Xing Yi and Tai Chi as examples, an empirical research is conducted on the standards of boxing attitude within a certain type or different types. It aims to solve the problems of inheritance, give a logical definition and a scientific explanation of Tai Chi, and construct an integrated connection between techniques and Tao.

Therefore, we have the following conclusions. Important concepts such as traditional Chinese martial arts and Tai Chi can be defined from the perspective of formal logic. Traditional Chinese martial arts originated from human offensive and defensive instincts. Tai Chi, as the representative type, retains “value-added compensation attack”, “showing weakness and counterattack defense”, representing the technical characteristics and cultural personality of traditional Chinese martial arts. The philosophical system of traditional Chinese martial arts consists of five theories: “internal and external integrity” (ontology), “body and mind” (epistemology), “reality and appearance” (the theory of knowing and doing), “seeking Jin and perceive Tao” (theory of value), and “apprenticeship and family” (ethics theory). Traditional Chinese martial arts develop along the main axis of human “survival”, which is a balanced binary process of the existence structure of boxing types and the rich and different characteristics of martial arts. Among them, the type of boxing represented by Tai Chi has promoted the continuous integration of skills and techniques through the civilization of primitive fighting functions, reflecting the profound cultural connotation of traditional Chinese martial arts. The two-way relationship between traditional Chinese martial arts and philosophy is that martial arts can demonstrate Tao, and Tao can promote martial arts, creating a martial arts philosophy.

Key words: Chinese traditional Wushu; unity of internal and external power; physical and mental integration; balance of embody-perception and knowledge-practice; pursuit of the power and apperception of the law; family-style master and inheritor relationship; Taijiquan

中国伝統武術中の哲学思想の研究について

本研究の目的:

中国伝統武術と哲学の関係を整理したうえ、伝統武術の哲学理論体系を確立する。技術と理論の隔たりを破り、文武同道を論証し、中国武術の中の奥深い哲学思想を論述する。これを以て文化強国の建設を助力し、文化自信心を高揚する。

研究方法:

東西文化の交差点に立脚し、東西の哲学理論を用いて文献資料の調査及び体で悟る等実証的な研究方法を利用する。伝統武術中の太極拳等代表的拳種を中心に、具体的事象にフォーカスを当て人類進化の視点から人間の本能を掘り下げ、広い視野で本研究課題の仮説を思考、論証する。

研究成果:

1. 中国伝統武術は、拳式の攻防が主要内容、伝統文化が理論的基礎、拳種が存在方式とし、功法、套路、格闘の三位一体を運動形式とする人体の攻防文化である。

2. 中国武術は、人間の「攻防本能」から起源した。本能的能力による攻防→方法・技術による攻防→勁力による攻防のように規範的訓練方法の変化を経て、「同能異文（本能的能力は同じだが文化が異なる）」の交流、相対的閉鎖的な地理的地縁 [伝統武術はほぼ中国に、なお、武術の各流派のルーツは相対的にその発祥の地に限定するといった地理的閉鎖性のある地縁を意味する。] 、血縁人倫、師匠・弟子/父と子の擬態血縁関係の「比類取象 [相互関係を分析し、研究対象の状態、運動の変化等の性質を抽出したものは「取象」といい、それらの性質を分類して各分類の性質を比較し、各類間の相互作用を研究することは、「比類」という。] 」により伝統中医学及び芸縁文化 [武術の芸術的技術とそれぞれの境界、ルーツの文化的側面。] に浸かった拳種を形成した。

3. 東西哲学の本体核心理論の研究により、拳種、拳式、一身体の構造から生まれた属性がその本体である。即ち、内外の勁力を整合した全体勁は、伝統武術の本体であり、即ち、全体勁本体論というものである。勁は、攻防時に人体の潜在的能力を引き出す全体的な能力である。勁は、武術の道であり、静樁勁と動樁勁の二種類の基本勁がある。勁は、筋から生まれ、全体性、コントロール可能、哲理がある等の特徴を有する。

4. 哲学の次元から東西における身と心の関係を分析し、認識する。伝統武術は次のように認識している。即ち、「身は「四肢百骨と身体の形態を含む。心は、意と気からなり、身・心・意・気が一体である。意が生まれて気が形成し、勁が生まれる。形は、基本の気であり、媒体である。勁の形成は、意識ネットワーク（体中に網のように意識を巡らせる）、気息管路（気が流れる道）、形体剛架（体の外形がアーチのように弧形を保つこと）の三種類の模型がある。機能の最適化、協同・統一、安定転化を原則に、形→意→気の三者を有機的に調整し、配置すれば勁が生まれる。

5. 「体用と知行」の哲学思想から、伝統武術の基本功、套路、攻防が一体であることを説明する。演練は、「体（外形の套路）」、二人練習の対練は「用（攻防）」である。「静」は「体」であり、「動」は「用」であるといった、それぞれの視点からの「体」と「用」の関係、理論的な根拠に根を下ろした基本功法、套路、攻防を形成し、「体用兼備」を説明する。感（感じる）——知（知る）——悟（悟る）ー実践力——心（思考）——躬（自ら実践する）等、体で拳を理解、解釈、検証し、理論と実践の先後、難易、一体の関係を説明する。

6. 哲学の価値観から人間が価値の主体、拳が価値の客体、勁が価値の媒体であることを説明する。伝統武術は、技術が全面で、技が巧妙で、手段が多様である防身価値がある。そして外面では、筋、骨、筋肉、皮膚を強め、内面では、臓腑・気・血を強める、内外を修練する健身価値がある。拳を練習する前に、まず、己を知る、己の心を強くする内面修練の価値がある。そして柔を以て剛を制す思想、己を捨てて相手に従う技術方法、和の大同を求め、他人と付き合う心を得る。体で比類取象の思考方式、天人合一の思想、生命と感情を悟る自然の道理を悟る。

7. 伝統武術は、農耕文化の文化的擬態血縁、即ち、宗親倫理観に基づき、師匠の基準と弟子入りの身心要求を形成した。師匠が唯一に正しい、流派間の相互否定は弊害である。それらを批判すると同時に家庭的な人文文化の継承及び師匠・弟子制度を再考する。

8. 哲学の思考方式に基づき、現代において、伝統武術伝承のネック、標準が不明確、世論と情報の信頼失墜、伝統武術概念の曖昧さ、量化基準がない、文化伝承の異同化不足等の問題を再検討する。思考方式、異同の中から変革を求め、それぞれの標準を制定する。研究の中で、形意拳と太極拳を対象に拳種間、各拳種の内部、拳式の標準を実証的に研究し、伝承ネックの問題の解決策を見出す。太極拳に対して概念の論理的定義、科学的解説、技術と理論の全体構成を再構築する。

結論:

1. 中国の伝統武術、並びに太極拳等、重要な概念は形式論理学による定義ができる。

2. 中国の伝統武術は、人類の攻防本能に起源した。伝統武術の中に太極拳を代表とする拳種は、「付加価値報償攻撃」「示弱反撃防御（弱さを示し、隙を狙って相手を反撃して自分を防御する）」等の本能を保留し、中国伝統武術の技術特徴及び文化的個性を形成した。

3. 中国伝統武術の哲学体系は、「内外整勁（内外の勁を整えた）」本体論、「身心一体」の認識論、「体用兼備（外形套路と攻防を兼ねた）」知行論、「求勁悟道（勁を求め、道〈原理〉を悟る）」の価値論、「師匠・弟子家庭」の倫理論の五大論から構成される。

4. 伝統武術は、人類「求存（存在を追求する）」を主軸に発展してきた、拳種の構成及び豊かな攻防の特徴の二つの次元がバランスしながら発展してきた。その中に太極拳を代表とする拳種は、原始的な格闘機能の文明化により技術や理論の一体化を推進して伝統武術の奥深い文化内容を具現化した。

5. 中国の伝統武術と哲学の間は、「武」の場合、その道（理論）を検証できる。「道（理論）」の場合、武を広げるといった双方向の関係にあり、これを以て武術哲学の道を開く。

キーワード: 中国伝統武術、内外整勁（内外の勁を整える）、身心一体、体用兼備（套路と攻防を共に高める）、求勁悟道（勁を求め、道を悟る）、師匠・弟子家庭、太極拳

目录

1 引言 …… 1

1.1 中国传统武术名与实 …… 2

1.1.1 究根探幽 …… 2

1.1.2 清晰界定 …… 5

1.1.3 内涵外延 …… 9

1.2 哲学思想内涵谓与为 …… 11

1.2.1 何谓哲学 …… 11

1.2.2 西哲前瞻 …… 13

1.2.3 中哲底基 …… 14

1.3 中国传统武术问与思 …… 15

1.3.1 哲学追问 …… 15

1.3.2 研究思路 …… 18

1.3.3 大胆假设 …… 19

2 中国传统武术缘起与成因 …… 21

2.1 武缘攻防本能 …… 22

2.1.1 攻防行为 …… 22

2.1.2 攻防特征 …… 24

2.1.3 攻防机制 …… 26

2.2 术成攻防规训 …… 28

2.2.1 本能力斗 …… 28

2.2.2 方法技斗 …… 29

2.2.3 升华劲斗 …… 30

2.3 武术理据文化 …… 33

2.3.1 地缘文化 …… 33
2.3.2 血缘文化 …… 34
2.2.3 艺缘文化 …… 35

3 中国传统武术整劲本体论 …… 38

3.1 本体概念解析 …… 39
3.1.1 西哲本体 …… 39
3.1.2 中哲本根 …… 40
3.1.3 本体思考 …… 42
3.2 武术本体探索 …… 42
3.2.1 反思传统 …… 42
3.2.2 劲复杂性 …… 43
3.2.3 科学启迪 …… 45
3.3 武术本体劲论 …… 46
3.3.1 整劲本体 …… 46
3.2.2 内涵分类 …… 51
3.2.3 整劲特点 …… 56

4 中国传统武术身心认识论 …… 60

4.1 认识身心概念 …… 61
4.1.1 何为认识 …… 61
4.1.2 身心概念 …… 62
4.1.3 身心关系 …… 66
4.2 武术身心合论 …… 67
4.2.1 武身所指 …… 67
4.2.2 武心意为 …… 70
4.2.3 武气贯通 …… 74
4.2.4 身心一体 …… 79
4.3 身心练劲理论 …… 82
4.3.1 形成机制 …… 82

4.3.2 训练原则 …… 88
4.3.3 训练步骤 …… 92

5 中国传统武术知行体用论 …… 93

5.1 知行体用诠释 …… 94
5.1.1 知行内涵 …… 94
5.1.2 体用所指 …… 95
5.1.3 体知用行 …… 96
5.2 传统武术体用 …… 97
5.2.1 体用体系 …… 97
5.2.2 体用问题 …… 100
5.2.3 体用兼备 …… 101
5.3 传统武术知行 …… 104
5.3.1 练身体知 …… 104
5.3.2 体知践行 …… 107
5.3.3 知行关系 …… 108

6 中国传统武术悟道价值论 …… 111

6.1 中外价值旨归 …… 112
6.1.1 价值观点 …… 112
6.1.2 价值本质 …… 113
6.1.3 价值要素 …… 113
6.2 传武健身价值 …… 114
6.2.1 价值核心 …… 114
6.2.2 防身价值 …… 116
6.2.3 强身价值 …… 122
6.3 传武修心价值 …… 126
6.3.1 内心修炼 …… 126
6.3.2 他心和谐 …… 129
6.3.3 自然之道 …… 132

7 中国传统武术师徒伦理论…………………………………………………… 137

7.1 师父传武授道 …………………………………………………………………… 138
7.1.1 师者如父 …………………………………………………………………… 138
7.1.2 师父作用 …………………………………………………………………… 139
7.1.3 师者标准 …………………………………………………………………… 140
7.2 徒弟承艺弘道 …………………………………………………………………… 142
7.2.1 徒弟如子 …………………………………………………………………… 142
7.2.2 择徒标准 …………………………………………………………………… 143
7.2.3 拜师程式 …………………………………………………………………… 146
7.3 师徒传承文化 ………………………………………………………………… 148
7.3.1 师徒制度 …………………………………………………………………… 148
7.3.2 文化内涵 …………………………………………………………………… 149
7.3.3 批判继承 …………………………………………………………………… 149

8 中国传统武术新思考…………………………………………………………… 152

8.1 传统武术问题…………………………………………………………………… 153
8.1.1 传承瓶颈 …………………………………………………………………… 153
8.1.2 标准不明 …………………………………………………………………… 154
8.1.3 舆情失信 …………………………………………………………………… 156
8.2 传统武术反思 ………………………………………………………………… 157
8.2.1 反思思想 …………………………………………………………………… 157
8.2.2 传武优势 …………………………………………………………………… 158
8.2.3 传武不足 …………………………………………………………………… 161
8.3 传统武术出路…………………………………………………………………… 163
8.3.1 突破思维 …………………………………………………………………… 163
8.3.2 形意案例 …………………………………………………………………… 164
8.3.3 太极案例 …………………………………………………………………… 172

结 语………………………………………………………………………………… 178

1 引言

究竟什么是中国传统武术？透过文字记载的武术历史和文物刻画的武术遗迹，追问中国传统武术真正的起源点在哪里？她从哪道而来，又将路在何方？她是自然进化的产物抑或是人为制造品？中国传统武术的本质是“技击性”吗？中国传统武术不能被逻辑定义吗？为什么拳种成为中国传统武术的“存在”样态？传统武术的“精神”何在？在当代全球化浪潮中，在文化多元化背景下，中国传统武术是“行将就木”，还是“浴火重生”？当我们启动“智慧”之能，追问中国传统武术“以何”存，反思“何以”在，批判“为何”失存，追求“如何”长在时，也许我们就会超越“熟知”，发现“真知”，从而惊讶于中国传统武术散发的哲学光芒！

1.1 中国传统武术名与实

功夫、武术、中国功夫、传统武术甚至武艺、武道以及太极拳等一连串的名称，似乎人人皆知、耳熟能详，甚至功夫一词已经被写入英文词典。可是，真正追问什么是功夫、武术？恐怕即使是武术专业人士也会一时语塞。如果再请大家按形式逻辑下定义的规则给武术下个严谨定义时，恐怕十有八九会陷入“你不问，我还知道武术是什么，你一问我就不知道什么是武术了”的窘境。

给武术下一个定义绝不亚于定义哲学的难度。有观点认为“武术，是一个永远处在变化中的动态的概念”[1]，难以下定义。名称是对事物现象的把握，概念才能深刻认识事物本质。概念不仅是思维的“细胞”，而且是列宁所说的认识的“阶梯”和“支撑点”[2]。

不对研究的对象进行逻辑的定义，清晰概念的内涵与外延，就难以突破中国传统思维模糊的局限，更难以追问事物之“真、善、美”。

我们既要承认武术概念的流动性，定义的艰难程度，更要认识到概念相对之绝对，即其历史意义的相对而时代意义的绝对，历时性与共时性的统一，这是研究的必然，也是动用深层智慧的使然，更是来源于实践的应然。

因此，我们必须“知之匪艰”而“行之维艰”地定义“中国传统武术”的概念。

1.1.1 究根探幽

中国传统武术一词的核心是“武术”，探究其前世今生是我们研究的逻辑起点。

“武术”作为一个专有名词，通常即使不加“中国”的限定，也约定俗成等于中国的武术。那么是不是世界其他国家、民族也有自己的“武术”呢？

1.1.1.1 考查武术出处

武术一词，最早见于梁萧统主持编辑的《昭明文选》。萧统字德施，小字维摩，梁武帝萧衍的长子。在《文选》卷二十的“公宴”章名下有十四首诗，其中

[1] 乔凤杰.武术哲学［M］.北京：社会科学文献出版社，2007:1.

[2] 孙正聿.哲学：思想的前提批判［M］.北京：中国社会科学出版社，2016:11.

有南朝人颜延年的四言诗《皇太子释奠会作诗一首》，其曰："偃闭武术，阐扬文令。"[1]，这里的"武术"有人解释是"停止战争"[2]，也有人认为是"军事"[3]的意思。从诗的对偶推测"武术"与"文令"相对应，文令就是文教的政令，"武术"在这里相对确切的解释是应用于军事战争的方法和技巧，并非现代体育范畴的武术运动，也不是传统意义上的武术技艺。

晚清到民国初年，在报纸和出版的书籍中出现了"武术"称谓。如1908年7月的《东方杂志》第6期上引载了7月12日《神州日报》"论今日国民宜崇旧有之武术"，1917年3月出版的《中华新武术初级拳脚科》等书籍，开始冠以"武术"。这时出现的"武术"已经具有体育属性的含义，1928年民国中央国术馆成立，开始以"国术"代称"武术"，民国时期使用"国术"与"武术"两名称；中华人民共和国成立以后，"武术"作为专有名称被稳定下来，但是，武术的内涵与外延并没有得到清晰界定，因此，出现了所谓竞技武术、传统武术的不同称谓，甚至把现代竞技武术与传统武术对立起来，认为二者风马牛不相及。这一切源于对中国武术本质的认识不清和把事物本质与功能混淆等原因。

1.1.1.2 考究武术本意

"武"字篆文由止、戈二字组成，"武"字上半部是古代兵器"戈"，下半部是"止"。《说文解字》中把"武"字写成"𢧜"，"夫武定功戢兵，故止戈为武"。[4]许慎引《左传·宣公十二年》中"止戈为武"，从字面上理解，"武"的本义就是拿着武器去制止干戈（即战争），其本质含义是动武、武力、战争等。个体之间的"武"是打架，群体之间的"武"是战争，操作层面无非是针对人体的一种攻防行为。"术"，《说文解字》释为："邑中道也。"段玉裁注云："引申为技艺"。

从"武"和"术"的本意出发，可以界定为武术就是徒手或手执武器攻防格斗的方法或技艺。

人类具有"攻防本能性"。从这个意义上说，其实，不同民族，不同种族、

---

[1] 萧统.文选［M］.上海：商务印书馆，1936:434–436.

[2] 习云太.中国武术史［M］.北京：人民体育出版社，1985:81.

[3] 周伟良.中国武术史［M］.北京：高等教育出版，2003:4.

[4] 王平，李建廷.《说文解字》标点整理本：附分类检索［M］.上海：上海书店出版社，2016:10.

不同国家或地区的人们都有自己的攻防之法。例如，印度的卡拉里帕亚特（Kalaripayat）、泰国的泰拳（Muay Thai）、法国的踢拳道（Kink-boxing）、菲律宾的魔杖、巴西的嘎布艾拉战舞武术（Capoeira）、东南亚的班卡苏拉（Pencak Silat）以及韩国的跆拳道和日本的古武道等，虽然名称不同，但是都是一种徒手或手执武器攻防格斗的方法或技艺。因此，我们可以说各国都有自己的“武术”。但是，由于地域文化、人文习俗、政治经济等多因素影响，当加以“中国”限定时，“武术”就是世界独一无二的。

1.1.1.3 考证武术籍贯

武术出生在中国。“中国”是一个国号、地域、民族、文化等多重概念的结合体。

“中”在殷商甲骨文及商、周的金文中，中字的首尾都加有若干条波浪形的飘带，向右或向左飘，“本象有旒之旗”；商王有事，立此以招集士众，士众围绕在此周围以听命，故而又引申出中间之中的意思。《说文解字》：“中，内也，从囗。丨，下上通也。”[1]“中”作为地理用语，相对外、偏，方位是居中。

《说文解字》：“国，邦也，从囗，从或。”南唐徐锴《说文解字系传》：“国，邦也，从囗从或。囗其疆境也，或亦域字。”段玉裁《说文解字注》：“邦、国互训……古或、国同用。”又《说文解字》：“或，邦也，从囗从戈，以守一。一，地也；域，或又从土。”段玉裁《说文解字注》：“或、国在周时为古今字。中与国两字连在一起，便成为我国的古老名号之——中国”[2]。

地域上的中国，从历史上看，我国上古时期华夏族建国于黄河流域一带，居四方之中，古称“中国”，亦称“华夏”。在地域范围内，各民族长期共同生活，形成民族集合体，构成中华民族概念。

从地域的“中国”延伸文化上，“中”显得更为可贵，“天地之道，帝王之治，圣贤之学，皆不外乎中”，所以古人视中尤重。就为政而言，要“用其中于民”；就立身而言，“民受天地之中以生”，一切言行要无过无不及；就处世而言，中为“天下之大本”。以此，文化概念上的中，形成了中国传统文化中“中庸”、“无过无不及”等思维和行为准则，深刻地促成了中国武术的形成。如，中国武术的太极拳、咏春拳、形意拳等许多拳种，都恪守“守中用中”“力不出

[1] 王平，李建廷.《说文解字》标点整理本：附分类检索［M］.上海：上海书店出版社，2016:333.
[2] 胡阿祥.何为历史，何为中国［J］.新世纪图书馆. 2012(08):11.

尖”“形不破体”的原则。

在中国特有的地域文化、价值取向、思维方式等综合文化力驱动下，形成了中国武术。

1.1.1.4 考鉴武术身份

传统武术。“传”，原指古驿道沿途设有许多驿站，传递信息，使者每到一驿站，便可换乘车马，继续赶路。传，“驿也”，“传”的含义是指一站传一站的意思。引申为相传继续，代代相传的意思。“统”，本义是茧的头绪。段玉裁《说文解字注》：“众丝皆得其首，是为统。”引申为一脉相承、世代相继的系统。“传统”由单一概念转变为联结的概念，是取“传”的相传继续和“统”的世代相承之意，表现为“来源于过去，汇注于现在，又流向于未来”[1]，具有时空的特性。

在空间方面，我们限定在中国的地域上。在时间方面，一方面，根据“当代中国武术就目前的结构特点而言，大致由竞技武术和传统武术两大系统组成”的事实，为了“传统武术”与“竞技武术”相对应（尽管这不完全符合逻辑，传统是一个时空概念，竞技是一个属性概念，不完全对等）；另一方面，为了剔除当代个别人打着传统的幌子，自称是传统武术，其实是还没有经过历史检验的新编武术。所以，我们认为应将传统武术与竞技武术的时间界线划定在中华人民共和国诞生的1949年。

1.1.2 清晰界定

1.1.2.1 纵观现有定义

近代以来，人们一直努力探索武术定义。1932年颁布的《国民体育实施方案》：“国术（即武术）原我国民族固有之身体活动方法，一方面可以供给自卫技能，一方面可作锻炼体格之工具。”

1943年《中央国术馆成立十五周年纪念宣言》中提到，“所谓民族体育者，即我国固有之武术也……不独在运动上具相当之价值，且对于自卫上有显著之功效。”

1957年，北京举行了一次“关于武术性质问题的讨论”，认为武术是民族形

[1] 中国中日关系史学会编.东方文化与现代化［M］.北京：时事出版社，1992:178.

式体育的内容之一，它具有健身、技击、艺术的成分，它能锻炼身体，提高身体素质，培养思想品质。

1961年，北京体育学院（现北京体育大学）本科讲义《武术》中提到，“武术是拳术、器械套路和有关的锻炼方法所组成的民族形式体育。它具有强筋壮骨、增进健康、锻炼意志等作用，也是我国具有悠久历史的一项民族文化遗产。”

1978年，北京体育学院《体育系列通用教材·武术》中定义，武术是以踢、打、摔、拿、击、刺等攻防格斗动作为素材，按照攻守进退、动静疾徐、刚柔虚实等矛盾相互变化的规律编成徒手和器械的各种套路。它是一种增强体质，培养意志、训练格斗技能的民族形式的体育运动。

1983年，北京体育学院《体育系列通用教材·武术》中定义，武术是以踢、打、摔、拿、击、刺等攻防格斗动作为素材，按照攻守进退、动静疾徐、刚柔虚实等规律组成套路，或在一定的条件下遵照一定的规则，两人斗智较力，形成搏斗，以此来增强体质，培养意志、训练格斗技能的体育运动。

1988年，北京体育学院《体育系列通用教材·武术》中定义，武术是以技击为主要内容，通过套路、搏斗等运动形式来增强体质，培养意志的民族体育。

1.1.2.2反思现有定义

按照形式逻辑学原则，“被定义项=种差+邻近的属”。我们从种差和属的维度，分析目前定义普遍存在的问题。

第一，认为武术是“传统体育项目”。如1988年《武术》教材的定义，“武术是以技击动作为主要内容，以套路和格斗为运动形式，注重内外兼修的中国传统体育项目。”中国武术在现代体育背景下，很大程度归属在“体育项目”范畴。事实上，在中国古代是否有“体育”还存在争议的前提下，从武术本意和现存武术内容来思考，中国武术似乎很难全部归到传统体育项目属性下。如传统武术一些技术方法以无规则、无限制的搏杀为主，就不可能隶属于体育项目有规则、有限制的运动下。

第二，武术是“中国传统技击术”。如：武术是以克敌制胜为目的，通过功法、套路等训练手段，使人们掌握踢、打、摔、拿、击、刺等格斗动作，注重内外兼修的中国传统技击术。[1]从武术的本意而言，确实可以归到“技击

[1]朱君，秦延河.浅析武术概念的确定[J].湖北体育科技，2001，20(1):14–15.

术”，但是，如何区分“传统”与“现代”？事实上，一些技击方法并无传统与现代之分。

第三，武术是“个人军事实践活动”。如：武术是以技击为练习内容，以身体练习为基本手段，以追求个人安全和保卫个人利益为目的的中华民族传承的个人军事实践活动。[1]军事的本意是与军队或战争有关的事情，那么军事实践本身是否与个人之间存在矛盾？个人军事能否成为有文化属性的类？因此，“个人军事实践活动”的属需要斟酌。

第四，武术是“人体文化”。如：中国武术是以中国传统文化为理论基础，以内外兼修，术道并重为鲜明特点的人体文化。[2]武术是以人体为载体的一种技击方法，该定义中没有明确同属人体文化的其他门类，如，中国导引术等。

第五，武术是“民族传统体育和艺术项目”。如：武术是以攻防技击为主要内容，以体现人体格斗能力为核心，以套路演练、搏斗对抗、艺术反映为表现形式，注重内外兼修的民族传统体育和艺术项目。[3]这个定义同时横跨2个属，但主体归属不清楚。

2009年7月9日～11日在河南，由武术管理中心组织了武术定义和礼仪研讨会，会上确立了武术定义，即：武术是以中华文化为理论基础，以技击方法为基本内容，以套路、格斗、功法为主要运动形式的传统体育。

这一定义较为清晰，和上述《武术》教材中定义相近，是目前较为认可的定义。但是，当我们以现存的大量武术内容为参照对比其他武技类项目思考武术定义时，似乎还需要对武术的定义做进一步探索，如这个定义中并没有明确三种运动形式之间的关系，更没有关注到武术的重要载体——拳种。

1.1.2.3 依据存在定义

概念应该是事实的总结和概括。纵览中国武术现存的事实，有一个巨大的存在实体就是“拳种”，从拳种出发，思考中国武术种差，总结中国武术属性。

中国武术本质是技击性。无论是从武术本意，还是存留的数以百计的拳种，具体到每个拳种的完整拳势或分解动作，无一不具有攻防技击性，这足以说明中国武术的技击性本质属性。

---

[1] 李印东.武术概念之研究［J］.武术科学，2004，1(5):8-11.

[2] 刘俊骧.武术文化与修身［M］.北京：中央编译出版社，2008:3.

[3] 曾于久，肖红征.对武术概念及层次分类的研究［J］.体育科学，2008(10):86.

而宏观的拳种，中观的套路、格斗、功法三位一体的形式，微观的拳势动作，构成了中国武术明显区别于同类技击项目的种差。

综上，我们认为：中国传统武术是以拳势技击为主要内容，以传统文化为理论基础，以拳种为存在样式，融功法、套路、格斗三位一体为运动形式的一种人体技击文化。

定义中强调拳势技击性是为了区分同样具有技击性的其他武技。戚继光在《纪效新书》中记录“三十二势，势势相承”，“势”就是拳势，唐顺之《武编前集》中解释：“横斜侧面，起立走伏，皆有墙户，可以守，可以攻，谓之势”[1]。拳势“可以守，可以攻”有攻防技术性。拳势不是肢解开的一个局部动作如“弓步”“冲拳”，也不是一个简单的定型动作，如“弓步冲拳”，而是具有作战意图的单个攻防动作或组合。

传统文化是指传统哲学、医学、兵学等对武术套路构成、动作方法、攻防战略等方面的全方位指导。

拳种是以区别于它种的、有自身特征的核心技法为载体，以独特的拳理为依据，以功、套、用有机整体为表现形式，有序传承、体用多能的技击门类。

“功法”是为获得武术某项专门技能而进行的专门练习。不同拳种具有各自独特功法，如通背拳有乾坤、周天、混元、子午、五行、中和[2]等站状，陈式太极拳有缠丝功，杨式太极拳有圆活功，形意拳有三体式桩功等。

“套路”在教材中定义为，以技击动作为素材，以攻守进退、动静疾徐、刚柔虚实等矛盾运动的变化规律组编成的整套练习形式[3]。这里忽视了“拳势”。如果把武术提升为武学，那么，武学与文学对比，文学的基本构成单位是字词，而武学中拳势就相当于文学中的字词。如果武学定义中缺失了拳势，如同文学中没有了字词，这就窄化甚至抹杀了武学的运动内涵本质，弱化了其运动形式特征。因此，本研究将武术套路重新界定为：套路是由拳势组成的成路练习或格斗形式。套路的本质属性是以拳势为单位的连续攻防性。

“格斗”是指“两两相当”的对抗形式。格斗通常也称“用法”“散手”。“实战”简称“用”（即一种对抗形式），是指采用各拳种的拳势，一般情况也

[1] 唐顺之.《武编》前集卷6［M］.北京：解放军出版社，1999.

[2] 辽宁武术挖掘整理组.通背拳［M］.北京：人民体育出版社，1990:14-15.

[3] 全国体育学院教材委员会.全国体育学院专修通用教材：武术［M］.北京：人民体育出版社，1991.

指组成套路的拳势进行的各种攻防练习和实战。传统武术称拆招实用，即通过“说手”（讲解拳势如何攻防对打）或真实对抗，都是“用”的表现。“一体”是指三者以拳种内在功力获得贯通，动作结构模式一致的演练、对练、实用有机统一，也就是拳势动作相同，表现形式不同。

由此，最终形成一种独特的以人体为载体的技击术，进而升华为一种技击文化。

这里我们把中国传统武术归为技击的人体文化属类，而没有隶属到“体育”类。因为，就武术的本质而言是技击术，只有当限定在“体育”下的技击术才是体育属性的武术，我们称其为武术运动，所谓限定在体育属性下，是仅仅作为身体教育和竞赛的运动项目而存在，在具体技术层面，已经去除一些伤害性的技法，特别是竞赛，要有明确的竞赛规则，符合当代体育的基本要求。

因此，若严格进行区分，中国传统武术与武术运动不是同一概念。

1.1.3 内涵外延

1.1.3.1 内涵特有属性

“概念的内涵，就是概念所反映的事物的特有属性”。“概念的内涵属于思想方面的认识内容，具体事物特有属性是属于事物方面的认识对象”[1]，二者不完全等同。有些对事物认识层面的事物特有属性限于各种条件，未必是正确的。因此，概念的内涵也有一定的相对性。但是，在特定条件和认识范围内，事物的特有属性又有稳定性，甚至是绝对性。中国传统武术的特有属性是一个具有自洽性的体系，包括组成中国传统武术的最基本单位“拳势”，拳势如同构成中国文学的基础单位的 “字词”、构成人体的“细胞”；建构中国传统武术的理论基础源自传统文化；存在的完整样态是“拳种”，就像独立成篇的文章、有机的“人体”；运动的表现形式是功法、套路、格斗三者及其有机结合，由此形成的技击性本质属性才是构成中国传统武术的内涵结构体系。

1.1.3.2 鲜活拳种实存

在真实的世界中具有概念所反映的特有属性的事物称为外延。明清以后，逐渐形成了一大批具有传统武术特有属性的拳种，标志着中国传统武术成熟的文化

[1] 金岳霖.形式逻辑［M］.北京：人民出版社，2003:23.

形态业已形成。戚继光在《纪效新书》中记载了“古今拳家，宋太祖三十二势长拳，又有六步拳、猴拳、囮拳”“温家七十二行拳，三十六合锁，二四十探马，八闪翻，十二短”“吕红八下虽刚，未及绵张短打”“山东李半天之腿，鹰爪王之拿，千跌张之跌，张伯敬之打，少林寺之棍与青田棍法相兼，杨氏枪法与巴子拳棍，皆今之有名者”[1]等数十种当时名拳和棍枪武艺。20世纪80年代，据国家武术院统计，“历史清楚，脉络有序，风格独特，自成体系”的大拳种就多达131种。目前仅人民体育出版社1985年出版的习云太《中国武术史》中，就有拳种部分46节计75种、器械部分27节；人民体育出版社1990年出版的《中国武术大辞典》在拳种部分记录了309个拳种（有的只是套路，还难以称为拳种）；人民体育出版社1993年出版的《中国武术拳械录》有71个拳种。尽管关于拳种的认定标准尚需要研究，存在诸如器械武术的归属、套路的拳种属性等问题，但是，大量的拳种、器械、套路等武术实体是可见的外延。

1.1.3.3 丰富拳械遗存

拳种形成是中国传统武术成熟的标志，在“清晰的历史传承、充实的哲医内涵、完整的技术体系、传统而科学的理论体系”[2]形成之前，散落在各大拳种之外的大量套路、单势、兵器、练功方法等，难以自成一个独立体系，不好列入某一拳种体系之中。但是，其同样是具备一定武术特有属性的外延体。以甘肃甘谷地区民间遗存的《武艺选集本》（见图1–1）记录的拳谱为例，其中，包括徒手的涵盖拳、掌、手名称的套路拳谱共计383个；冠以捶名称的拳术套路拳谱116个；冠以棍、枪、刀名称的拳谱394个；冠以条、牌、杆、仗、刀、斧、钺、铲、鈀、戟兵器套路的拳谱419个；冠以鞭、锏、锤、抓、钩、镰、斧、钺、杆杵、棒、剑名称的拳谱357个。每一个套路拳谱就是一个完整的套路，每一个套路至少会包括一去一回的趟子，每一个趟子一般包括8个拳势，如此算来，中国传统武术无愧于用“博大精深”来赞誉。

[1] 马明达点校.纪效新书［M］.北京：人民体育出版社，1988:308.

[2] 武冬.传统武术评价、整合和推广发展战略研究［J］.北京体育大学学报，2008(08).

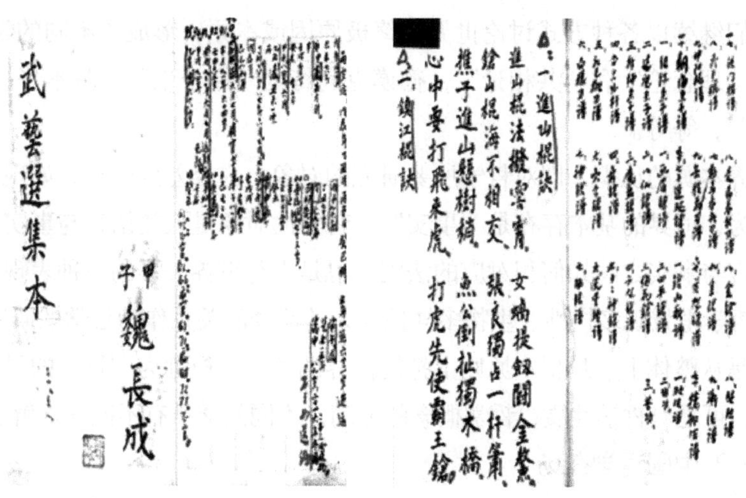

图1–1 《武艺选集本》及拳谱

1.2 哲学思想内涵谓与为

1.2.1 何谓哲学

1.2.1.1 多种概念界说

对本身就在追问世界是什么的哲学再追问其是什么，即给哲学本身下定义，似乎是一个悬置的问题。因此，有观点认为不可下定义。从古希腊哲学发端到今天，对哲学是什么，有世界观、方法论、形而上学、思维方式、普遍规律、认识论、语言分析、存在意义、精神境界、价值观念、文化评判、文化对话、实践论、语言工具、人生境界、科学思维等诸多观点。可是，却难以产生一个得到公认的定义，也许这正是哲学值得不断探索和吸引无数大智慧者竞折腰的缘故吧。

通常意义上，从哲学的研究层次看，有研究世界存在的元哲学；有按照研究领域的本体论、认识论、方法论、伦理学；有研究的具体“X”哲学，如自然、历史、教育、社会、儿童等五十多个具体哲学。

哲学在探究世界本源，即世界统一性问题上，古今中外的不同哲学家观点各不相同，如泰勒斯认为是“水”，赫拉克利特主张是“火”，阿那克西曼德则将其概括为“无定形”或“无限”。在中国则有“五行”、“道论”等学说。后来的哲学家们继续以各种方式讨论世界的终极原因或本原，形成了不同的学说，如柏拉图的“理念论”和“共相论”，德谟克利特的“原子论”，叔本华、尼采的“意志论”，等等。

对世界本源的认识，即对哲学所要研究的对象，古今差别明显，如现代西方分析哲学认为，世界的基本存在是“事实”，哲学的对象是人类语言与事实之间的关系，是语言与事实之间如何相对应的法则，也是人与世界关系的一种表现形式。当代的生态哲学把景观多样性、生物多样性与人的活动的关系作为哲学的研究对象。

哲学是从整体上、从根本原则上把握世界的学问，被称为“科学的科学”“科学之王”，可是对哲学性质、哲学概念的追问，不同的学派有不同的理解。

1.2.1.2 中国哲学在场

“哲学”一词早在明末就通过传教士传入中国，音译为斐录所非亚、斐录费亚，或意译为 “爱知学”[1]。在中国接受“哲学”一词并广泛使用源自在日本被广泛使用的、日本哲学家西周对 philosophy一词的汉译 “哲学”，又从日本人那里知道哲学是一门学科，逐渐形成了“中国哲学”。

19 世纪以后，“中国有无哲学”的争议，东西方学界，至今仍有余音。事实上，正如张岱年先生所说，“‘哲学’术语源于西方，但‘哲学’不等于‘西方哲学’”，他把“哲学”视为一个共名，在此共名之下，西方哲学、中国哲学和印度哲学都是它的一个属。安乐哲（R ogerT. Ames）在近期的一次专访中更明言:“说‘中国没有哲学’是一个笑话”，除非否认 “哲学”本身的普适性。[2]

哲学作为一门学科，一种“崇高”学问，“无问西东”才是大智慧，中国哲学不仅仅是在场，更应该在哲学上发现和提出时代问题，面对充满风险和挑战的世界提供中国智慧和中国思想，在当今世界哲学舞台中心出场。

1.2.1.3 哲学深 义探赜索隐

哲学（philosophy）是从希腊文字Φιλοσοφία转变而来，philo是爱，sophy是智慧，哲学意思为“爱智慧”。“哲”字在汉语中也有“智慧”的意思。《尔雅・释言》说：“哲，智也。”宋代邢昺曾引舍人注：“哲，大哲也。”

见微知著，能预测事物发展趋势是“智”，聪明为“慧”。“爱智慧”的深意在于深刻调动人类“智力”储备，深度进行理性思维，慎重应用理想逻辑论

[1] 钟少华.中文概念史论［M］.北京：中国国际广播出版社，2012:70.
[2] 王格.“中国哲学”何以正当的最早论说［J］.哲学研究，2019(7):64.

证，透过常见的事物表象探索现象背后的本质，超越眼见的常识探求事物真理，追问世界在真、善、美及人之所以为人的大问题上，追求人类长远的、根本的、整体的利益，同时也应该从“小地方”体现“大智慧”，不应该脱离生活和实践。尽管在古希腊原初的哲学从惊奇开始，执着追问自然万物“为何存在”和“如何存在”，并不关心日常实用的问题，只重视认识问题，解释世界，舍此就不是哲学和哲人，靠近了日常生活似乎就“沦落为哲学外行”。但是，就人类终极目标而言，人不可能脱离现实生活，游离于世界之外，正如马克思所言“哲学家只是以不同的方式解释世界，而问题在于改变世界”。

因此，充分发挥哲学的追问、反思、批判、整合、预测等功能，面对人类的各种难解的危机和挑战，从解释问题到解决问题，创造人们美好生活正是其智慧所在。

1.2.2 西哲前瞻

1.2.2.1 追问终极本源

当今哲学的主体之一西方哲学，在哲学史以及人类发展史中举足轻重。西方哲学造就了近代工业革命，促成了工商文化的成熟。严格意义上的西方哲学，原指“地中海开放型复合文化”之特称。[1]现在已经扩大为包括德国、法国等哲学在内的统称。从被称为哲学之祖的泰勒斯认为“水为万物之原”，阿那克西美尼认为“气”，赫拉克利特认为“火”，恩培多克勒认为“四根”，以及毕达哥拉斯提出“世界是数”“万物皆数”等，西方哲学从开端就有种认为“眼见为虚”的假设。亚里士多德提出，对自然万物始终保持惊异和追问感才是哲学。由此超越司空见惯的具体事物追问世界的终极“存在”究竟是什么，探究事物的唯一因或第一因，亦即终极原因。在此，对所有事情都认为是不确定的、都有待探讨思考，引出“无知”，继而形成西方哲学“学以求知”的精神。

1.2.2.2 反思逻辑论证

缘起于古希腊时期的西方哲学，早期处于自然哲学期间，追问身外之物的“存在本体”。17世纪笛卡尔著名的“我思”提问，开创了近代“认识论”。西方哲学逐渐认识到探索“外部世界存在”其实离不开人的感知。“存在”，即我们感知的存在都是源于眼耳鼻舌身的感知，感知究竟对与错，是否有效，这种对

[1] 王东岳.物演通论[M].北京：中信出版社，2015:456.

“思想”的“拷问”称为反思。亚里士多德奠定了逻辑学基础，推演出认知程式，发现了形式逻辑的同一律、排中律、不矛盾律。理性逻辑有三种基本形式：纯逻辑、归纳法、演绎法。所谓纯逻辑，是指把所有被感觉扭曲的信息全部屏蔽掉，单纯用逻辑来推导事物。比如数学和几何学，就是运用纯逻辑思维，对抽象的事物进行推导[1]。归纳是由特殊到一般，因为对象不能穷尽，它只能证伪，不能证实。演绎法曾经被亚里士多德确认为唯一的逻辑，他给逻辑的定义是“必然的导出”，也就是三段论推理。因此，结果正确与否不确定。尽管逻辑有缺陷，但是，西方哲学突出的“逻辑”思维方式具有的历史和现实价值不容否认。

1.2.2.3 认识科学问题

源于古希腊的一系列哲学追问，缔造出了后来的科学，科学就在这一类纯哲学的不断追问中逐步诞生，可以说，“哲学是科学之母”。公元前5世纪古希腊的哲学家留基伯和德谟克利特就提出“原子论”，19世纪末期卢瑟福才发现了原子模型，把质子和电子的组合体命名为原子，认为这就是万物组成的基本粒子。直到今天的物理学依然是沿着这条路径前行。笛卡尔是著名的数学家、生理学家、机械学家。康德精通多门自然科学，黑格尔的化学造诣极高，罗素也是数学家，历史上许多哲学家本身就是科学家，而且，多是由于追问哲学问题引出科学研究，甚至只认为自己是哲学家，所写科学论著都冠以哲学，如牛顿的代表作名字叫《自然哲学的数学原理》。从古希腊发育出来的西方哲学思路，还有一个重要的“假设与证明”思维范式探究世界“本质真存”，业已成为当今科学研究必须遵守的原则。

1.2.3 中哲底基

1.2.3.1 恪守先前传统

如果和追问终极、向外看、往前行的西方哲学思路对比，中国传统哲学或者说思想具有关照自身、向内看、回头看的思维特征。老子是最具有追究世界本源的思想家，提出“道”的理念，可惜并没有再往前走一步，退回到“小国寡民”“结绳而用”的追求。孔子一直倡导“克己复礼”“天下归仁”，其归宿是“吾从周”，往回看。

[1] 王东岳.物演通论[M].北京：中信出版社，2015:119.

1.2.3.2 直观整体思维

《系辞》下传:“古者包牺氏之王天下也，仰则观象于天，俯则观法于地，观鸟兽之文，与地之宜，近取诸身，远取诸物，于是始作八卦，以通神明之德，以类万物之情”，这里“观”是最为直观的表达，“天与地”“远与近”反映了空间的整体性。观阳光照射的向背产生“阴阳”思想；察“天、地、水、火、风、雷、山、泽”自然现象，形成“八卦”思维；考“金、木、水、火、土”物质属性，构建“五行理论”。这总体上形成了中国哲学思想的特征。

1.2.3.3 关怀人伦处事

由于中国人的生存形式等原因，导致中国哲学思想主要的精力集中在了社会和人伦问题上，探讨人际关系之间的道德伦理运行规则。儒家思想最具代表性，形成了维系社会关系的“君臣纲常”，防止阶级冲突的“宗法制度”，促进人际合作的“诚意修身”“见贤思齐”，维护家庭关系的“孝悌纲常”，规范人们行为的“非礼勿视，非礼勿听，非礼勿言”“己所不欲勿施于人”等一系列道德伦理思想和行为规范。

1.3 中国传统武术问与思

1.3.1 哲学追问

1.3.1.1 武术从哪里来

哲学起源于惊异，当人们用哲学的思考追问传统武术的真正起源究竟在哪里时，普遍认为“劳动创造武术”[1]。因为“马克思主义认为，人类的生产活动是最基本的实践活动，是决定其他一切活动的东西。武术的发生，从一开始便是由生产所决定的”[2]。因此，“中国武术的源头，可以追溯到原始社会的生产活动”[3]。还有人认为武术起源于“人与兽斗”。认为武术的萌芽在原始时期就有了。那时的人为了生存，要猎取野兽为食，与野兽搏斗，于是用“拳打、

[1] 习云太.中国武术史［M］.北京：人民体育出版社，1985:1.

[2] 习云太.中国武术史［M］.北京：人民体育出版社，1985:3.

[3] 邱丕相.中国武术史［M］.北京：高等教育出版社，2008:3.

脚踢”和“窜蹦跳跃”搏兽，从而形成了武术[1]。事实上历史文献确实有人与兽斗的记载，《史记·律书》上记夏朝的桀王和商朝的纣王，“能手搏豺狼，足追四马，勇非微也”[2]。《诗经》上云：“袒裼暴虎，献于公所”，《毛传》释：“暴虎，空手以搏之”。那是不是武术就是起源于此呢？如果追问一步，为什么会产生于“生产劳动”，为什么今天留存的武术并没有“人与兽斗”的技术，再追问一步，世界各国“武术”起源是否相同呢？为什么武术只产生在中国？它产生的真正动因是什么？它又是怎么流变到今天？这些问题都是我们需要调动深层智慧，运用逻辑思辨论证的问题。

1.3.1.2 武术是什么样

哲学“就是对于人生的有系统的反思的思想”[3]，把传统武术置身于“人生”大系统中进行反思，一路走来的传统武术何以成为今天的模样。为什么传统武术形成了千姿百态的拳种？当今流传的百余种拳种为什么出现内家拳与外家拳？为什么有的拳种“拳似流星”地快，而有的拳种“迈步如临渊”地慢？为什么有太极拳对现代格斗的“头条新闻”？又怎么会产生中国功夫对决拳击的赛事？为什么传统武术具有功法、套路、格斗三种运动形式？功法就是相当于现代体育的身体素质练习吗？套路是中国武术独有的形式吗？格斗就是散打项目吗？传统武术到底能不能打，太极拳真能“四两拨千斤”吗？说不能打，可为什么传统武术师父都说“能”；说能打，但各种约战不见“传统武术”胜，“太极拳大师”瞬间被击倒，难道历史悠久的传统武术是“嘴把式”？传统武术“打练结合”“体用兼备”又体现在哪里？一连串的反思，需要我们寻求答案。

1.3.1.3 武术将哪里去

“哲学本质上是批判的”[4]。批判不是无意义的批评，而是，运用哲学的批判精神，批判地反思传统武术存在根据、标准、尺度和未来发展趋势。当今社会的经济全球化，文化多元化，生活现代化，社会信息化，特别是在人类总体上的“工商业”文化进程中，“农牧业”背景下形成的传统武术面临着上下挤压、左右拥堵的四面楚歌之困境。

[1] 余志钧.中国传统武术史［M］.北京：人民大学出版社，2006:4.
[2] 司马迁.史记［M］.北京：线装书局，2006:099.
[3] 冯友兰.中国哲学简史史记［M］.北京：北京大学出版社，2013:2.
[4] 孙正聿.哲学的修养［M］.长春：吉林人民出版社，2014:108.

（1）失传。

流传百年以上的传统武术在流失，开始于1982年的为期三年之久的大规模武术挖掘整理工作显示，“自成体系”的拳种有129个，而出版的官方《中国武术拳械》实际记录71个拳种，在全国传统武术锦标赛上看到的拳种只有10余种。且不说是否保留了传统性，一些拳种正濒临失传，如两翼通背拳、猿功拳、独流通背拳等。即使目前还在流传的几大拳种，如北京的白猿通背拳、山西的戴氏形意拳、东北的戳脚番子拳等，其习练者状况也令人担忧，以至于有人发出了“传统武术是我们民族最大宗也最珍贵的濒危非物质文化遗产”的感叹。[1]

（2）失真。

失真程度最高的是武术套路，竞赛武术套路更是被长期诟病，类似“花架子”“竞技体操的奴婢”等批评声一直不绝于耳，甚至有人认为这是“伪武术”。事实上，确实存在“技法严重异化与缺失，突出表现是拳势失意”[2]的问题。2019年8月5日至7日，在国家体育总局武术运动管理中心组织的武术套路竞赛规则研讨会上提出“武术要去体操化和舞蹈化，为竞技武术套路入奥创造条件”。再次证明时至当下，武术套路技法、劲法缺失，技击功能衰退，表演体操化、戏曲化、小品（对练）化程度递增是不争的事实。

（3）失望。

在“以百分之一的希望，用百分之百的努力”试图把武术打入奥运会的征程上，即使在2008年家门口举办的奥运会上，武术也未能挤进奥运会正式竞赛项目。所谓的“2008年奥运会武术比赛”是奥委会特许的“面子”，除了冠名“奥运会”和由时任奥委会主席罗格为运动员颁奖以外，与正式奥运会项目没有关系。客观地说这也是破了奥运会在比赛期间不能举办其他比赛的规定，也是来之不易的，是当事人努力的结果。但是，这和人们希望武术成为奥运会正式比赛项目的诉求，相去甚远，民情难抚慰。

（4）失宠。

源于或直接与中国传统武术有关的一些武技，如日本少林拳、空手道、柔道、跆拳道、剑道等，在异域开花结果，遍布世界各地，有的进入奥运会，有的

[1] 程大力.传统武术：我们最大宗最珍贵的濒危非物质文化遗产［J］.体育文化导刊，2003(4).

[2] 武冬.“单对统一”武术套路竞赛模式研究［J］.北京体育大学学报，2016，39(4):104.

又返回了故乡，进入我们的生活中，而在武术的家乡，武术赛场门可罗雀，“跑酷”“街舞”“电游”成为青少年追逐的时尚，七八十年代武术赛场座无虚席，人声鼎沸，欢呼热烈的场面一去不复返。

2020年终于传出“武术被列为第四届青年奥运会正式比赛项目”消息，一时间人们欢呼，虽未雀跃，但是欣喜之情挂在脸上。可是高兴之余，反问自己即使有朝一日武术成为奥运会正式项目，又能怎么样？打入奥运会的是“武术”吗？我们的传统武术真的“行将就木”，无论人们多么“扼腕叹息”，也不管“非遗”怎样保护，她都将逝去吗？难道这是自然选择的必然，人将无力回天吗？面对这些令人头疼的问题，我们还能做什么更有意义的事？

1.3.2 研究思路

1.3.2.1 基于传统文化

在相对封闭的农耕自然环境中逐渐形成的与中国人生存结构相匹配的农业文化，我们称作中国传统文化。中国传统文化，由于长时间的地理阻隔，相对避免了中华民族被域外民族扰攘和与西方文化的冲突，经过数千年的农业文明及其思想精雕细琢，形成了世界上最精致最典型的农耕文明文化。中国传统武术就是在这样的文化系统中孕育形成的，代表了人类独特的一种技击文化。因此，研究中国传统武术不可能也不应该脱离传统文化。基于先秦道家道论，以道观物、观世、观人论；先秦儒家仁论，开启人道论；先秦墨家人天论，兼相爱，交相利观；魏晋玄学，道体儒用观；中国化佛教的华严宗“一即一切”，禅宗“佛在心中”内心超越观；宋明理学的理、气、心三派的理事一致，内在超越观等，共同构筑的中国文化思想，或者称为哲学理论体系，是我们研究的底色。“天人合一”“知行合一”“体用不二”等思想观念更是理解传统武术的文化基础。

1.3.2.2 应用哲科思辨

传统武术是典型的中国技艺思维产物。保留了人类许多最为原始、最为底基也是最稳定的思维方式，突出的是“比类取象”思维方式，形成一套“阴阳”“八卦”“五行”学说构筑的传统武术的基础理论体系。但是，其中缺乏逻辑性，更缺少对传统武术的科学实证研究。在“工商文明”成为当今主流的时代，人类演进一往无前，不可逆转，传统武术不得不主动接受社会自然演进的规定，应用西方哲学的严密逻辑论证方式，采取现代科学技术手段，超越原始感应思维的局限，从经验积累到科学实验，从感觉体验到感性认知，从表观辨识到本质把握，只有这样充分认识到中西方哲学思想内在不同与各自优势，无问东西，重新思考，创新实验，开新传统，指向传统武术最终发展，或许才能够让传统武术走得更远。

1.3.2.3 大视野小焦点

把中国传统武术置身在世界格斗类运动一系中，进行横向之间的比较；站在"人性"的"攻防本能"的维度下审视传统武术，高点思考传统武术演变；沿着人类文化历史演进过程扫视传统武术，连续考查传统武术进程规律。在大背景、大尺度、大史观关照维度下思考，聚焦武术代表性拳种，如太极拳，透视武术套路、功法、格斗三种运动形式，剖析典型拳势，洞见技术背后的思想。通过大背景聚焦小拳种，认识和把握传统武术发展客观规律，解释传统武术之所以"存在"，解决其未来"走向"问题，期盼传统武术为人类的发展能有新的贡献。

1.3.3 大胆假设

1.3.3.1 假设前提思考

本研究以现存传统武术的主要载体——拳种为具体切入点，向前追寻其历史演进脉络，当下寻绎其时代问题，向后瞻望其发展趋势；上从人类文化进程审视，下从人性底基需求透视；左依中华技艺思想，右据西方哲科思维；剖析传统武术的哲学思想，开启武哲之学，全方位、大尺度、多层次，客观地、具体地、充实地考据传统武术之源，证得其存在之由，解释其问题之因，提出其发展之向。

1.3.3.2 三条假设提出

基于现有知识储备，经验积累，认知能力，秉承科学"大胆假设"的精神，提出以下主要3条假设，下文将"小心求证"。

（1）传统武术起源于人类"攻防本能"，沿着人类"求存"主轴线，由存在结构和代偿功能二元维衡，在人类社会有限空间中衍动。

（2）传统武术的哲学体系由"内外整劲"——本体论，"身心一体"——认识论，"体用兼备"——知行论，"求劲悟道"——价值论，"师徒家庭"——伦理论五大论组成。

（3）传统武术与哲学之间是武可证道、道可弘武的双向度关系，由此开启武哲之学。

1.3.3.3 研究局限困难

中国传统武术内容极其繁杂，仅仅拳种就有130多种，如何深刻认识传统武术技术、理论以及深层含义，显然是一个极其高难度的工作，虽然本人有多年习武经历，仍不免有盲人摸象之感，唯求能将肤浅之感与客观存在"耦合"自洽。

狭义哲学追求世界本源，追问"物质"与"精神"的关系，"仰望星空"，并不关心具体问题，而根深蒂固的"实用功利"思想，让我不知不觉地聚焦到传统武术的具象问题，而且，奢望真正从哲学高度反思和分析问题，从思维层次解决传统武术的实际问题。一切学问最终还应该是为"人"服务，追求安身立命之本，虽然实践未必"真"，起码在有限的范围实践验证有效，这也是驱动我研究的动力。

2 中国传统武术缘起与成因

2.1 武缘攻防本能

2.1.1 攻防行为

2.1.1.1 原初运动萌动

达尔文在《物种起源》中认为："任何一种动作，在我们必须有经验才能做，若在一种动物，尤其是很幼小的动物，不需要经验也能做，或者许多个体都能同样地去做，虽然对于这样的目的何在并不明白。这些动作便统称为本能"[1]。本能是物种具有的、特定的、与生俱来的行为模式特征，是以目标为导向的行为，是整个生物种群的特征（Morris and Maisto，2005）。几乎所有的动物都具有与生俱来的可遗传的本能行为，如呼吸、疼痛、吸吮、惊恐、摄食、母性等[2]。从人类学研究看，南方古猿生存1600万年，直立人生存300万年以上，据说已经全部灭绝；智人仅仅生存了14万年左右[3]。人是地球生态系统中的一种普通动物，属于真核细胞域、动物界。婴儿在腹中其实已经孕育了"拳打脚踢"的最原始生命律动本能，尽管极其微弱，但是这种"幼态持续"，即婴幼儿期的某些特征保存下来，持续到成年期[4]。新生儿的"一睡二抬三翻四撑五抓六坐七滚八爬九长牙十站十一扶周能走"表明，原始的运动本能似乎已经包括了武术中最为原始的没有经过身体规训的技术，中国武术中独特的地躺拳术讲究"就地十八滚"，仿佛就是原始"七滚"的成年版。鹰爪拳的"抓拿锁扣"正是"五抓"的延续发展。

2.1.1.2 原始攻击行动

攻击行为是以造成对象损害为目的的暴力举动。婴儿出生几个月就明显表现出攻击行为，"它用手打小的东西，摇晃大的物件，吐唾沫，凡是能够得到的东西它都想用嘴咬、用手抓、用手敲。开头这些活动带有随意性，彼此不协调[5]"。各种动物几乎都具有本能的攻击行为，巨蜥、鳄、鲨等能用尾攻击，

[1] 达尔文.物种起源［M］.北京：商务印书馆，2007:187.
[2] 张连峰，秦川.比较行为学基础［M］.北京：中国协和医科大学出版社，2010:1.
[3] 王东岳.人类的没落［M］.西安：陕西人民出版社，2010:5.
[4] 德斯蒙德·莫利斯.裸猿［M］.上海：复旦大学出版社，2010:32.
[5] 德斯蒙德·莫利斯.裸猿［M］.上海：复旦大学出版社，2010:129.

长颈鹿、斑马等雄体在求偶争斗时用蹄互踢，蟒用身体缠住猎物将其勒死，猫科动物会用前掌攻击对手，鹿争偶时雄体以角相撞。攻击还不仅仅限于肢体，毒蛇、毒蜘蛛能释放毒液，电鳐、电鳗可放电攻击对手。不管是有意识还是无意识的攻击行为，都说明动物包括人在内都具有攻击本能性。

其实，不仅仅是动物具有攻击性，植物同样具有。在中国西双版纳的一种小型植物叫海芋（见图2–1），当受到甲壳虫吞噬时，海芋会制造出毒素作为防御，可是甲壳虫用下颚切断叶脉，照吃不误，可谓防不胜防。大型的锥叶榕寄居在高大树上（见图2–2），通过生根，一边生长一边缠绕寄主，形成独立的根系，阻断寄主树的养分输送，绞杀寄居的大树，成为植物“杀手”，加速了植物的更新。

图2–1　海芋

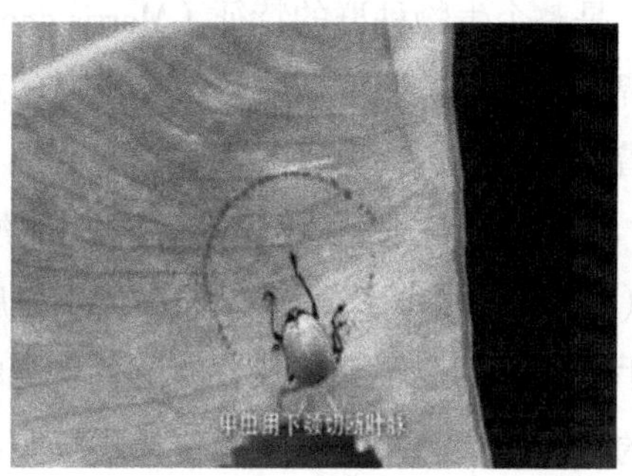

图2–2　锥叶榕

2.1.1.3 原始防御行为

伴随着动物攻击本能和行为，必然会有防御的本能和行为。动物学定义：防御行为（defensivebe havior）是指动物为对付外来侵略、保卫自身的生存或者对本族群中其他个体发出警戒而发生的任何一种能减少来自其他动物伤害的行为。

动物的防御能力与生俱来，即使在没有受到攻击时，也会通过穴居、隐蔽、警戒色或拟态防御。如：黄蜂的黑黄相间的条纹是警戒色，野兔隐藏在洞穴中，食蚜蝇拟态蜜蜂，蚱蜢为绿色不易被捕食者发现。这些都是初级防御行为。

当受到被猎攻击时，动物会有各种防御行为，如回撤、逃遁、威吓、假死、转移攻击部位、反击、臀斑和尾斑信号、激怒反应、报警信号和迷惑捕食者。

反击是一个动物在受到捕食动物攻击时的正面回应行为。反击的动物一般利用一切可用的武器，如牙、角、爪等进行反击。栖居在北极苔原地带的麝牛，在遇到狼的袭击时，会把幼牛保护在牛群中间，成年的麝牛成群地围成圆阵，个个头朝外，用犄角与狼搏斗。两只猴子为了争夺猴王厮杀，两只公鸡互相啄击，互不退缩的争斗，是进攻式的防御。正常行为能力的人当遇到突然的劈头盖脸击打，都会下意识地举臂抱头或闭眼躲闪，这是被动式的防御本能。为了生存，不管是主动还是被动，不管是逃脱还是反击，都是一种本能行为。

因此，严格地说动物具有"攻防本能"而绝不仅仅只有"攻击性"。

2.1.2 攻防特征

2.1.2.1 制造兵器攻防

本能是物种具有的特定的、与生俱来的行为模式特征，是以目标为导向的行为，是整个生物种群的特征（Morris and Maisto，2005）。人的攻防本能，表现为智化特征。按照德斯蒙德·莫里斯的观点，人类是从"树栖猿——地栖猿——狩猎猿"一路进化而来的，人其实就是"裸猿"，"现存的猴类和猿类共有193种，其中192种全身长毛。唯一例外的物种是一种全身裸露的猿类，他自诩为智人（Homo sapiens）"[1]。原本擅长攀爬的灵长类的人，从树上到地上，解放了双手，可是，双手远不及食肉巨兽爪牙的撕咬钳制能力。不如猫科动物的疾如闪电的猛扑弹跳力；赶不上犬科动物长距离奔跑持久力。在弱肉强食的自然界，"人跑不如马，跃不如驹，跳不及豹，猛不如虎，目不如鹰，嗅不如狗，力不如熊，灵不及猴"[2]，留给人类生存的出路只有利用发达的大脑和解放了的双手，用"智力"代偿"体力"，发明创造出比虎牙更尖利的钯，比羊角更锋利的矛，比马蹄更坚硬的锤，比牛皮更坚固的盾，比颅骨更坚硬的盔。大量武器的发明是人类智化攻防的重要特质之一，以至于出现了中国武术的"十八般兵器"。其实何止"十八"，周维在《中国兵器史稿》中提出"石兵、铜兵、铁兵"之分，仅铜兵就有"戈、戟、矛、殳、刀、剑"等，还有远射类、防御类武器，而且中国历来"工兵不分"，日常生活的板凳、筷子、毛巾都可以是兵器，恐怕很难统计出一个准确的数目。

2.1.2.2 增值报偿攻击

儿童天生都喜欢做敲、扔、推、捏、拍打东西等有攻击性的游戏。而且非

[1] 德斯蒙德·莫利斯.裸猿［M］.上海：复旦大学出版社，2010:3.
[2] 李力研.体育的哲学宣言——"人的自然化"［J］.天津体育学院学报，1994(1)：31–32.

常喜欢用最小的力敲出最大的声响；轻轻一扔皮球，抛得很远；不费劲一捏，捏出一个泥团；用一分力拍球，却希望球蹦得十分高。这些其实都是“增值报偿”游戏原则，体现了人类希望以较少的精力获得较大效果的一种本能诉求，人类这种增值报偿攻击性行为至今还在中国武术中得到最为鲜明的延续与保存，或者说有更为理性与非理性的延展。以太极拳为代表的“内家拳”，突出“四两拨千斤”“以小胜大”“以柔克刚”甚至是“用意不用力”；螳螂拳的“手不空回”，形意拳的“起也打，落亦打”，甚至在中国武术中出现的点穴功夫，期望的“神功绝技”，“以指轻点”“以意击人”“不费吹灰之力”轻取对方，这些都是“增值报偿”攻击的“幼态持续”反映，相对于崇尚“力量”“重力轻意”的一些对抗攻击行为和运动项目而言，中国传统武术对人类本能的保留最为完整也最为明显。

2.1.2.3 示弱反击防御

遇到强敌攻击，多数动物的本能性防御就是逃亡或臣服。灵长类动物依靠快速奔跑逃亡不是最佳选择，而蹲下和惊叫表示臣服更为本能，也是一种无奈的防守，蹲下甚至发展到趴下，“五体投地”令强敌高高在上，祈求蹲低身体姿态示弱免遭攻击，这种将身体缩成一团的本能防御的状态，正是迫不得已的最佳状态。一方面，可以麻痹强敌已经臣服放弃反击，另一方面身体的“缩”是为了“涨”的反击做好积蓄势能的准备，更为重要的是，通过“缩”能最大限度保护身体，特别是避免重要器官被攻击，可谓“智者”的防御。猴与猿在这一方面做得最为充分，这一本能也被中国武术深深地继承，以至于在形意拳中开始训练的基础姿势居然叫“蹲猴势”，在山西形意拳中的站桩动作保留了明显的“猴相”。（见图2-3）

图2–3　山西形意拳与蹲猴势对比

查拳的技法可概括为“缩、小、软、绵、巧、错、速、硬、滑、脆”十字诀，其中“缩小张弓蓄巨力，出拳如放矢；小而紧凑如封闭，奥妙人难击”。独流通背拳（传统武术拳种名称，因此拳种盛行于天津静海的独流地区而得名）中的“小猿势”“大猿势”在缩身防守中反击，醉拳、跛脚拳等都是以弱击强的范例。

2.1.3 攻防机制

2.1.3.1 原始攻防动机

弗洛伊德的精神分析派的观点认为，攻击是人的两大本能——生的本能与死的本能。为什么人及动物具有原始的攻防本能？其核心是为了生存。因为在自然界中衡量个体成功与否的标准，有且只有一个，即是否能将自己基因保质保量传递下去。动物“在野外，攻击行为有利于保护后代、配偶及自身免受入侵者袭击，对领域保护、交配和建立优势从属关系具有重要作用”[1]。人类是最擅长进行相互攻击与暴力伤害的物种。在有史可记载的五千多年里，人类共进行了14600次战争，平均每年2.6次[2]。

在生活资料匮乏，生存空间有限，生理欲望不能满足的前提下，人们利用互相攻击获得物品、土地和财富；保护自己的财产和家人；赢得声望、地位和权力。攻击是原始人类获得生存的一种手段。

2.1.3.2 攻击行为机理

攻击是动物为了获得食物、空间和配偶等资源或某种利益而发生的与生俱来的行为，即使资源充足时也有可能发生。这种“天生”的行为也可能与遗传因素有关。有学者认为，攻击是人类和动物的一种本能，攻击的驱动力来自有机体内部，与外界刺激无关[3]。也有学者认为攻击行为是由挫折所致，而挫折并不直接导致攻击，只是创造了一种唤醒状态或准备状态，攻击行为的实际发生还需要一定的外部引发线索[4]。

攻击行为的真正发生受到多种因素的影响。有攻击动机未必一定发生实际行

[1] 张连峰，秦川.比较行为学基础［M］.北京：中国协和医科大学出版社，2010:28.

[2] 钟宇.心理大师深渊［M］.上海：上海社会科学院出版社，2017:134.

[3] 王益文.3～4岁儿童攻击行为的多方法测评及其与“心理理论”的关系［D］.济南：山东师范大学，2002.

[4] Dollard J, Miller N E, Doob L W, et al. Frustration and aggression［J］. American Journal of Sociology, 1939, 92(7):1654–1667.

动，客观的地理环境，所处人文环境，自身生理条件，心理情绪等都是影响人攻击行为的因素。当幼儿需求得不到满足或自己权利受到损害时，在一定条件下就会发生言语或身体的攻击行为。大量动物实验揭示攻击行为是多因素决定的，在神经内分泌的调节下产生攻击行为。“下丘脑——垂体——肾上腺轴（hypothalamic-pituitary-adrenal axis，HPA）的活性与男孩和成人的持续攻击行为呈负相关。并且，氢化可的松持续稳定在低浓度可能比单一时间点的低浓度更能预示持续攻击行为，提示攻击行为与HPA轴功能低下有关。血液中各种激素水平的变化通过体液调节作用于脑内受体，引起中枢机制的变化。这是攻击行为神经——体液调节作用的一般途径”[1]。

2.1.3.3 防御行为机理

防御行为同攻击行为同样受到多因素影响。因为生存受到威胁，产生的恐惧情绪是主要的原因之一。物种对于天敌的恐惧情感的产生根源一是源于捕食者的捕食过程，如撕咬、啃食、毒液等进攻捕食过程中对于被捕食者产生生理上的疼痛；另外可能源于恐惧死亡的本能，简单来说，怕疼与怕死是对于天敌恐惧情感的主要来源[2]。动物的防御行为可以由味道——嗅觉、声音——听觉、场景——视觉等因素引起反应，人主要是由视觉恐惧引起防御。在视觉恐惧中，视网膜将天敌的危险信号，如蛇，输入到视觉丘脑（对于灵长类和人类来说主要是丘脑枕核），并且将恐惧信息输送到杏仁核，杏仁核可以通过自主神经系统调节心率与血压，导致心率上升、血压增加，同时通过脊髓将信号传递到运动系统，调动肌肉，产生逃跑反应。（见图2-4）

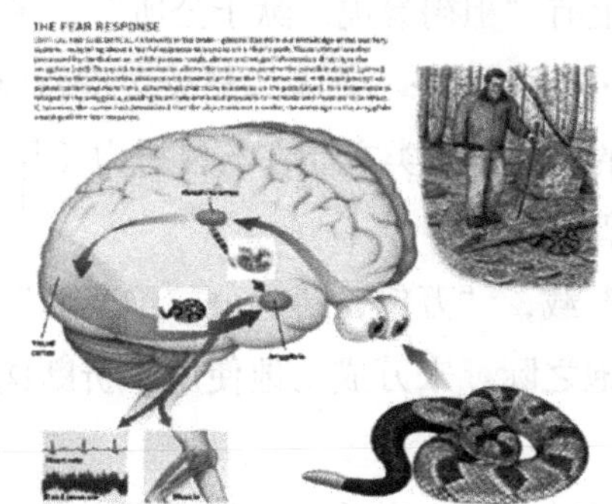

图2-4　视觉恐惧反应

[1] 张连峰，秦川.比较行为学基础［M］.北京：中国协和医科大学出版社，2010:30.

[2] 刘雪梅.视觉本能防御反应及其适应性的神经机制研究［D］.北京：中国科学院，2019:16.

动物的防御反应有逃避（avoidance）、逃跑（flight）、战斗（fight）等形式。在树林中，遇到蛇时，有的人选择僵直不动，有的人选择快速逃跑，有的人选择鼓起勇气把蛇打死。那么，在有多种行为可供选择时，是什么样的神经机制决定大脑采取何种防御策略呢？不同经验的个体采取不同的防御反应，这种防御反应是否能够被经验依赖的神经元的可塑性所调节呢？这些问题还需要深入研究，但是，从生理和心理方面已经解释了攻防行为的基本机理。

2.2 术成攻防规训

2.2.1本能力斗

2.2.1.1蛮力相斗之术

如果人类只是具有先天的攻防本能性，不经过后天实践，不断积累经验，没有意识地训练和传承，就不可能超越原始的动物本能，进入到具有人类智慧的技术及技艺层面。

按照马斯洛需求层次理论，生理需要是推动人们行动的最首要的动力。原始社会人们为了生存而采取格斗方法获取生活资料就是由生理需要推动的。

2.2.1.2人与动物搏斗

《史记·律书》上记载夏朝的桀王和商朝的纣王能“手搏豺狼，足追四马，勇非微也”，《诗经》上有“袒裼暴虎，献于公所”，《毛传》解释:“暴虎，空手以搏之”，《商君书·画策篇》:“昔者，昊英之世，以伐木杀兽”。反映了人与兽斗的原始性，表现的是通过人类本能在与兽拼力（见图2-5）。

2.2.1.3 人与人的蛮斗

据《春秋·公羊传》载，“万怒，搏闵公，绝其脰”。述说二人徒搏中，先远后近，于近战厮打搂抱之际，宋万成功地使用了折断闵公颈椎的绝脰之技，将其置于死地。

《庄子·说剑》:“庶人之剑，蓬头突鬓，垂冠，曼胡之缨，短后之衣，瞋目而语难。相击于前，上斩颈领，下决肝肺。”

从记载的人与人斗看，原始初期的人类格斗技术主要是通过本能直接进行搏杀，不能说没有一定的技术含量，因为真正做到“绝斗”绝非易事。但是，这样

图2-5 原始围猎

的一种原始格斗，更多的是人类本能的格斗冲动。从技术层面看，凭借的主要是蛮力。从教育角度看，还很难谈到对人的文明教化作用。因此，原始初期的人类格斗被认为是人类格斗史的上“蛮斗”阶段。[1]

2.2.2 方法技斗

2.2.2.1 捉对角力技斗

随着人类对攻防技术的深入理解和实践，不断积累格斗经验，逐渐摆脱了原始的动物本能的血腥野蛮格斗，格斗也从为了生存获取生活资料的单一功能，向具有军事、娱乐、教育等多功能的方向发展。尽管我们很难严格区分开格斗功能转变的具体时间和界限，但是，格斗主体离不开人，格斗技术无非是攻防技术转化，而且，人类的格斗技术始终朝着巧斗方向发展。

早在春秋战国时期的《庄子・人间世》中就讲到“且以巧斗力者，始乎阳，常卒乎阴，泰至则多奇巧”。东汉应劭解释“角抵”云：“角者，角技也；抵者，相抵触也。”颜师古进一步认为：“抵者，当也”，即抵抗之意。而文颖则明确指出：“角抵者，两两相当，角力角技艺”[2]。从中看出，力与技不可分。

[1] 康戈武.古代武术演进的文化结构研究［J］.体育文史，1998(05):27.

[2] 周伟良.中国武术［M］.北京：高等教育出版社，2003:20.

2.2.2.2 擂台竞巧技斗

人们格斗越来越向技艺方向发展，反对莽汉斗狠式的格斗，这在中国的小说中比比皆是。元末明初人施耐庵所著《水浒全传》的第七十四回，描述燕青智扑擎天柱任原的打擂场面:“有揭谛仪容、金刚貌相”身长一丈的任原面对“瘦小身材”的燕青，总想“一脚踢这厮下献台去”，却被燕青钻来窜去乱了他脚步，最终被燕青摔下台去。武术中流传谚语“力不打法，法不打功”。单纯肢体肌肉力量，很难战胜会格斗方法的人，其中，所谓的法，就是招法和拳势。

2.2.2.3 拳势技战术斗

明清以后，以拳势为标志的大量武术拳种的产生，促使武术格斗技术由重视力向重视术的方向发展。俞大猷、戚继光两位武术家对武术技术发展起到了重要作用。俞大猷所著《剑经》中提出“顺人之势，借人之力”“待其旧力略过，新力未发，而急乘之”“刚在他力之前，柔承他力之后”的思想，可谓是包含着以技取胜的经典论述。戚继光具体总结了著名的32势拳法，提出“妙猛快柔”和“知当斜闪”的技法应用特点，这代表中国传统武术技艺水平达到了新的高度。

2.2.3 升华劲斗

2.2.3.1 突破阵战格斗

突破阵战格斗主要突出的是简单实用，以力量为主的技术。开创于武则天时期的武举制度，虽然断续绵延了一千多年，但是，重视“弓刀马石”的“围绕人类格斗技能而发展”的武术，真正突破以绝对肌肉力量“蛮斗”取胜，过渡到探究技击方法以招式攻坚克敌，再进入到对个体深层能力“劲”的认识与开发，其实是一个漫长而曲折的渐进过程。早期“丛刀而来，丛枪而去”的古代阵战，以战场取胜为直接目的，“并不特别注重个人勇力武技在战争中作用”[1]。

单纯的军事类格斗力量性主导训练，在发展传统武术的个体搏击技术上促进作用很有限。

随着冷兵器时代结束，火器在军事中普遍应用，“军旅武术”向以个体为主的民间武术发展，冷兵器的格斗技术向个体化方向发展，甚至出现了“化枪为拳”的发展趋势。只有突破阵战的局限，传统武术的技术才有大发展的历史

[1] 李成银，艾泽秀.中华武术论丛第一辑［M］.北京：人民体育出版社，1987:26.

条件。

2.2.3.2 武技精细深化

大约从16世纪开始，武术格斗逐渐朝着拳种化、套路化、徒手化、养生化的方向发展，导致了武术技术逐步精细和深化，出现了一批精研武技的拳家。

吴殳，苦心研究枪法，著书《手臂录》，提出了“枪法圆机说”“脱化说”“枪根说”“我无所能，因敌成体。如水生波，如火作焰”[1]。这已经表明吴殳对武术技法研究达到了相当精深的水平。其中，“因敌成体”就是一种高度自动化的技击水平，暗含了人体对器械的自如操控能力，由“懂劲”到达“神明”层次。“圆机”说对武术身法和手法做了精辟论述，提出“圆者上下左右无不防护”“机者，弩机也，伏而待用也，收者发之伏机也”，为今后内家拳劲的发展打下了基础。

姬龙峰原精通枪法，在清政府收缴武器的社会背景下，以枪化拳，以枪理指导拳理，提出六合原则，创编心意六合拳。其中“六合”的提出为武术技术和劲的修炼提供了宝贵法则。

陈奏庭吸收导引吐纳技术，以戚继光的32式拳势为基础，创编“陈式”拳（一说是十三势、通背缠拳、炮锤），为后来太极拳中的“缠丝劲”发展奠定了重要基础。

苌乃周结合阴阳、吐纳、中医经络理论和技术创立苌氏武技。1932年经过徐哲东整理变成《苌氏武技论》一书，其提出“柔过气、刚落点”“三尖为气之纲领”等一系列练习原则，“气力渊源说”在指导“气”的运使方面提供了具体方法，对开发人体内劲有启示作用。

曹涣斗在《拳经拳法备要》中对“藏神在眉尖一线，运气在腰囊一条”“身益软，手益活”等练习要求，影响武术劲力技术发展。

此外，吴钟把六合大枪与八极拳结合，对通备武艺的训练方法和理论影响深远。戴龙邦、马学礼等继承姬龙峰拳学，在心意六合拳的发展，以及武术劲力训练的提高和理论形成方面，起到了承上启下的作用。

2.2.3.3 拳种技道形成

19世纪，太极、八卦、形意、通臂、劈挂、八极、戳脚、番子、查拳等拳种

---

［1］吴殳.手臂录［M］.上海：商务印书馆，1939.

的形成与完善，特别是被称作三大内家拳的太极、形意、八卦三拳的逐渐成熟，标志着传统武术的拳种技术成型和与技道一体的成型和晚熟。

这个时期，代表性的人物有董海川、杨露禅、李能然、武禹襄、郭云深、刘奇兰等。

董海川创立了“拧旋走转”的八卦掌，突出了劲与技法的变化及技击形态。这种劲法变化，被孙禄堂先生提炼总结为“钢丝盘球”特性。

杨露禅在继承“缠丝”劲基础上，发展形成以“沾粘连随”为主的柔性技击技术的太极拳，以特有的“粘黏劲”“太极拳劲”著称。

李能然从形意拳中提炼了五行拳，由博返约，开始重视对拳劲的研究。此后，郭云深明确提出了形意拳修炼的三层道理、三步功夫、三种练法，揭示了明劲、暗劲、化劲的奥义，堪称传统武术劲力训练的一个里程碑。

武禹襄进一步完善了太极拳理论，对劲力运用机理有深入研究，特别总结了劲力发放的身法原则，劲力运行规律。其有许多经典论述，如“身法八要”“四字秘诀”等，对武术劲力理论体系的形成具有重大贡献。

孙禄堂先生在深入研修形意拳、八卦掌、武式太极拳的基础上，结合易经、丹道、儒释道文化，对劲力做了具有哲学高度的提升和完善，突出拳术核心是“内劲”修为，其原理是“中和”，内劲是拳与道的结合点，明确“拳术之体用，在启良知良能”。这样，孙禄堂先生将武术从一种格斗技能术的层面，升华为一门体用兼备的完善人格的学问，应该说孙禄堂先生开启了中国武学的新天地。

20世纪，在西方文明的冲击下，仍然有一批人苦苦追求武学之道。

马凤图先生是通备武学的重要继承人，秉承戚继光“各家拳法兼而习之”的思想，将劈挂、八极、番子、螳螂等多种武艺融合，提出了以“刚柔相济，长短兼容”为理论指导的“通备劲”，从技术到理论构建了相对完整的体系。

王芗斋先生在继承形意拳的基础上，标新立异创立了“意拳”，提炼出“七妙法门”。以站桩练习为主，“不求形骸似，只求神意足”，锻炼“物”（劲），这对武术劲力训练有巨大的指导意义。

传统武术沿着格斗的历史逻辑由蛮力相斗，到讲求技法巧斗，直至深入认识招法背后的劲力，特别是以太极拳、形意拳、八卦拳等为代表的拳种出现，在一代一代武术家的努力下，从16世纪到20世纪才逐渐形成了“力——技——劲——

道”的传统武术技术体系。

2.3 武术理据文化

2.3.1 地缘文化

2.3.1.1 同能异文变流

相同的人类攻防本能，不同的地域文化，变化出不同的“武术”。作为人类攻防本能而言，世界上各个民族，不同人种之间似乎并没有天壤之别。从实践的角度看，世界上各个民族都有自己的格斗活动，值得注意的是，原始时期世界各民族无论是在原始格斗技能的形成，还是在格斗内容上，都存在着水平大致相当、形态基本一致的格斗技能的经验阶段。[1]

以太极拳、形意拳、八卦掌等拳种的出现为标志，中国传统武术追求“技进乎道”，把人类原始的攻防本能提升到一个与文化相对的“武化”层面，脱离了原始野蛮血腥的格斗层面，成为了人类攻防本能的理性回归，开启了文明礼仪的一种格斗文化形态，达到了“打而不打”“不打而打”的技击水平，更是完善人格的一种教育活动，孙禄堂先生称之为开发人的“良知良能”，而这一切，均离不开中国的文化根基。

2.3.1.2 相对封闭地理

从宏观来看，中国处于一个相对封闭的地理环境，东临太平洋，北面是高寒地带，西面是帕米尔高原和青藏高原，西南面有横断山脉。从中观来看，中国东部季风区将中国分为“南”和“北”，即“北方”是东部季风区的北部，“南方”是东部季风区的南部，以秦岭—淮河一线为分割线，将秦岭—淮河以北划为北方，将秦岭—淮河以南划为南方。从微观层面看同一地区，“五里不同村，十里不同俗”，表达的是一方水土养一方人。不同的地域村庄，地理环境相对封闭，有不同的风俗习惯。“南人使舟，北人骑马”，这种相对封闭的地理环境造成了各地的中国传统武术的差异，而缺乏有效的交流机制和途径，进一步加大了这种差异。如郭希汾《中国体育史》言：“技击之有南北二派，实由于天时地理之关系，出诸天演之自然，非人力之能为也。”这一论点未必准确，但是确实反

[1] 吕韶钧.谈武术与原始格斗技能的分野—兼论东西方格斗项目的文化学差异［J］.成都体育学院学报，2000，26(6):32.

映了中国传统武术多拳种的一个成因。

2.3.1.3 地缘促成拳种

不同地理环境对人的生长发育影响不同，造成南北方人的体格不同，进而形成“南拳北腿”的拳种。“北方雨量少、气温低，这种低温干燥的气候不仅有利于呼吸、使心血管功能增强，也有利于人体骨骼的生长，促使肌肉兴奋和灵活。北方日照强以及气温年、日差较大，人体的骨骼生长快，人体的适应性强。而南方地区，雨量大、湿度大、气温高，不利于人类营养的贮存；而且气压低、湿度大，会影响人体呼吸器官的功能，不利于骨骼的生长”[1]。北方地域开阔，人的身材高大，易形成以腿法见长的“戳脚”拳；南方水多地窄，人的身材矮小，长于拳法为主的“南拳”。当然也并非绝对，北方也有拳法为主的“番子拳”，南方的拳种也同样具有腿法，正是这种南北特色，错综复杂的地域文化促成了中国传统武术多拳种的形成。

2.3.2 血缘文化

2.3.2.1 血缘人伦关系

特定的半封闭地理环境，形成中国“地缘封闭型农耕文化”，由此形成以“家”为单位，以“血缘”或模拟血缘的“泛血缘”为纽带的人伦关系。在中国传统“五伦”关系中，父子、兄弟、夫妇是家庭伦理关系，君臣是父子关系的泛血缘化，朋友是兄弟关系的泛血缘化。也就是说，涵盖了社会上所有关系的“五伦”，实质上体现的还是“家”的关系，只不过分“小家”与“大家”，而“大家”中人与人之间的关系也是一种泛血缘化的关系。

2.3.2.2 师徒父子关系

传统武术的传承是师徒传承模式，称师父而不是师傅，徒弟又称弟子，就是“父”与“子”，或者是“母”与“子”的关系，并恪守“师徒如父子”“一日为师，终身为父”等信条。而弟子之间自然就是“兄弟”“姐弟”“姊妹”的关系，由此形成一个典型的血缘或拟血缘关系组织。同一个拳种，同一个师父下传不同弟子，各个弟子再传弟子，之间依然是一种血缘关系代称。弟子称自己师父的师兄弟为“师叔”“师伯”，反之称“师侄”等。一个大拳种就是一个“大

[1] 刘天辰.人类体形与地理环境[J].中学地理教学参考，2003(09).

家族”，每个大拳种又分若干个拳种支流，相当于各个小家庭，这种以血缘为纽带、家庭式的师徒制是传统武术的主要传播模式。

2.3.2.3 保守促进拳种

不同拳种之间又如不同家族，物种繁衍保持“种”的特性投射到传统武术拳种中，突出表现为一种“保守”，一定程度上起到拳种之间隔离的作用，促成多样态的拳种产生。早期陈家沟的“陈式太极拳”、山西戴氏形意拳，都是“拳不传外姓”，即使是同一拳种内部也互有“保留”，形成同一拳种的不同流派，如形意拳就有戴氏、车氏、布氏、宋氏、李氏等，甚至是同一个家族里还有“传男不传女”的规矩。可见，武术传承上的“严苛”，保证了武术的接续传承。这样的传承机制因为“保守”，减少了“同化”的风险，确保了多样“拳种”的共存。拳种的多样性也为拳种之间的嫁接和再次衍生创造了条件。一旦有了交流借鉴条件就容易产生新的拳种或拳术，如螳螂拳与其他拳术或技法结合，形成七星螳螂拳、六合螳螂拳、梅花螳螂拳、太极梅花螳螂拳等。

2.2.3 艺缘文化

2.3.3.1 比类取象思维

自然地理物候条件，使中国人在看待整个世界和处理问题时，把人与自然、身与心当成是不可分割的整体，遵循“天人合一”“身心合一”思想，突出表现为“比类取象”思维方式。西方将人看成是机器，18世纪法国唯物主义的开创者拉美特里即明确提出“人是机器”，但人毕竟不能像机器那样随意拆卸、组装，人除了自然属性、物质属性（包括器官、细胞、分子等组织结构）外，还有社会属性、文化属性、精神心理属性。《易经·说卦》中讲：“古人仰观天文，俯察地理，近取诸身，远取诸物”，观天七星演化“七星捶”，察地五行成“五行拳”，近取身有“头、肩、肘、手、胯、膝、足”七拳技法，远取动物有螳螂拳、鹰爪拳，甚至龙、虎、猴、马、鼍、鸡、鹞、燕、蛇等拳；取植物有枯树盘根、风摆荷叶、势如破竹、旱地拔葱、倒拔垂杨柳等招式。可见比类取象思维方式为创造传统武术的拳种、拳势、拳理提供了取之不尽用之不竭的资源。

2.3.3.2 传统中医学说

“拳起于易，成于医”，传统哲学和医学是传统武术重要的理论基础。中医的“经络学”“腧穴学”都对武术产生重要的作用。武术训练的第一步就是“撑筋拔骨”，如有专门的“易筋经”功法。练筋理论基础就是中医经筋说。中医认为“筋，肉之力也”，经筋“就是肌肉”。[1]也有人认为“经筋就是经络的附属筋肉结构”[2]。现代研究认为：经筋是由肌梭、肌腱以及韧带关节囊等具有张力本体感受性的线性组织功能连续而成的，具有形态、功能与信息感知相统一的人体有机组织。它在人体生成与发育中形成，是身体和脑脊髓神经系统联系互动的运动本体感知系统。[3]

易筋经是中国传统武术重要功法，有文与武两个不同版本。武易筋经更侧重技击所需素质的培养。它是在人的意识主导下的形体、呼吸相结合的内向身体系统运动，包括肢体的屈伸拧转、关节、筋络的牵拉拔伸，肌肉的紧张放松，经过训练可达到“筋膜腾起、骨节灵通”的功效。

《易筋经总义》说：“筋，人身之经络也。骨节之外，肌肉之内，四肢百骸，无处非筋，无经非络，联络周身，通行血脉，而为精神之外辅。如人肩之能负，手之能摄，足之能履，通身之活泼灵动者，皆筋之挺然者也。”[4]

太极拳“按窍用法”，传统点穴功夫，站桩意守“丹田”都用中医的理论作基础。

2.3.3.3 导引吐纳方法

明清以后，传统吐纳、导引、易筋等健身方法对武术影响巨大，拳种与养生方法开始结合，内家拳的产生就是一个例证。

吐纳是一种以呼吸锻炼为主的古老功法，又称为服气、行气、炼气、调气、调息等。现代按术式特点，可将其分为纳气、吐气和胎息三大支派[5]。还有将其划分为调息法（踵息、行气、呼吸静功）、练吸法（食气、龟咽）、闭息法（胎息）和练呼法（六字气诀）。[6]

讲究呼吸是武术中极其重视的技术要求。清末尊我斋主人所集《少林拳术秘诀》之《气功阐微》篇指出，“气功之说有二：一养气，二练气”。“练气与养气，虽同出于一气之源”，养气重点在于调神内养，而练气重点则在于调息练

[1] 薛立功.经筋理论和临床疼痛诊疗学［M］.北京：中国中医药出版社，2002.
[2] 吕嘉戈.气功医学之经筋疗法［M］.北京：中医古籍出版社，2002.
[3] 茹凯.经筋实质的系统［J］.北京中医药大学学报，2010，33(04):229.
[4] 静一空悟，周述官.增演易筋洗髓内功图说：卷一［M］.北京：学术期刊出版社，1988:35.
[5] 马济人.实用中医气功学［M］.上海：上海科技出版社，1992:315.
[6] 王卜雄.中国气功学术发展史，中国气功养生学第一分卷［M］.长沙：湖南科技出版社，1988:5.

形。上述文字论述了“呼吸之术”的要领和禁忌。

南拳中以吐气发声作为重要的技术要求。

导引术早在《吕氏春秋·古乐》中记载:“昔陶唐氏之始，阴多滞伏而湛积，水道壅塞，不行其源，民气郁阏滞着，筋骨瑟缩不达，故作为舞以宣导之。”庄子有一篇关于导引的最早文献记录，《庄子·外篇·刻意》载:“吹呴呼吸，吐故纳新，熊经鸟伸，为寿而已矣。此道引之士，养形之人，彭祖寿考者之所好也。”

晋代李顿对《庄子·刻意》篇作注，对导引解释:“导气令和，引体令柔”。这是关于中国古代“导引术”最早且最有名的记载。

导引常常与吐纳结合，讲究“呼吸、吐纳”“行气”的调节，并且追求“熊经鸟伸”即“模仿动物”的肢体活动。

以太极拳为代表的拳种，承传导引吐纳技术，凡动都要配合呼吸，有“拳势呼吸”要求。

3 中国传统武术整劲本体论

3.1 本体概念解析

3.1.1 西哲本体

3.1.1.1 追问终极开始

起源于古希腊的西方哲学，从一开始就是假设眼见实物为虚，所以，西方哲学家们开始追问实物背后的统摄万事万物的那个“一”是什么，开始探索世界存在的终极因——本体论。关于本体的表述有“本体”“存在”“是”“一”“共相”“理念”“实体”等一系列称谓。对本体的学问称为本体论。本体论又称存有论、存在论、万有论等，泰勒斯的“水”、阿那克西美尼的“气”、赫拉克利特的“火”、阿那克萨戈拉的“种子”、恩培多克勒的“四根”说，开启了西方自然哲学的原始“本体论”。毕达哥拉斯提出“数是万物的本原”，奠定“唯理论”基石，柏拉图在此基础上提出“理念论”，巴门尼德将主观与客体归结为“存在”，标志着严格意义上的“本体论”成为哲学上最基本最难解的根本问题，原因在于对“存在”的认识，突显认识论取代本体论的发端。

3.1.1.2 本体问题诘难

本体问题是西方哲学最基本的哲学问题之一。亚里士多德把本体的问题确定为超越物质的形而上学核心问题，把哲学规定为关于第一本体和最高原因的理论。亚里士多德在“四因素”中确定出“极因”，表明了人类理性寻根究底、追跟溯源的至极性追求，确立了“哲学就是形而上学就是本体论”的基本观念。黑格尔把本体论、认识论和逻辑学在主体论的基础上结合起来，提出本体即主体的重要命题。以康德为代表的实证主义哲学，把本体论问题看作既永远无法解决又无法加以证实的思辨哲学，拒斥形而上学。尽管“科学主义者与人本主义者从不同角度对本体论和形而上学的拒斥与否定，并没有能够取消其在哲学研究中的实际地位”，[1]但是，从一个方面也反映出对本体进行研究的艰难性。

3.1.1.3 本体代表观点

本体论核心是讨论世界本原问题，对本原的看法，有“一元论”“二元论”“多元论”，涉及唯物与唯心的观点。一元论认为世界只有一个元，要么是

[1] 欧阳康.本体论的兴衰与哲学观念的变革［J］.天津社会科学，1997(2):8.

物质，要么是精神，要么是思维，要么是存在。二元论则是认为世界有两个元，物质和精神分别独立，互不干扰，他们构成世界本原。多元论，主张世界是多元的。近代以来以笛卡尔的二元论为代表，认为物质与精神各自独立存在、运动、变化、发展。两者不相交，不存在物质和精神谁决定谁的问题，它们都是世界的本原。笛卡尔将“物质实体”与“精神实体”严格区分，引发了近代哲学“知与在”关系的讨论，重视了对象与主体认知“二元横向”联系，忽视了认知过程与认知主体的“一元纵向”关系，此后引发“独断论”困局，造成西方哲学本体论的历史局限。

3.1.2 中哲本根

3.1.2.1 本根内涵原义

中国传统哲学没有严格意义的西方哲学“本体论”（ontology）的专门分支学，但是有“本根”说。《庄子・知北游》记载：“惛然若亡而存，油然不形而神，万物畜而不知，此之谓本根，可以观于天矣”[1]。“本”的本义就是“树木的根”，“根”的字面含义是草木之根，本根本义是指树木的根系，比喻事物存在的原因、根源，它就是哲学意义上的本质、本体的含义。

本体与本根虽然一字之差，而且都是在探索天地万物存在的本原，但是所表达的内涵不同。张岱年先生说，“中国哲人言‘本根’与事物之别，不在实幻之谓，而在本末、源流、根枝之辩”[2]。西方哲学的本体论是透过事物假象，追问“存在”，或认为“水”是本体，或者抽象出“数”是本体，反映出对象与抽象的分离，即笛卡尔的二元论。“中国本根论之最大特点，可以说即在于：一，不以唯一实在言本根，不以实幻说本根与事物之区别。二，认为本根与事物有别而不相离，本根与事物之关系非背后实在与表面假象之关系，而乃是原流根枝之关系。这几点实是中国本根论与印度哲学与西洋哲学根本上的不同”[3]。

3.1.2.2 本根多种表述

中国哲学的本根论在不同历史时期和不同学派中的表达不同，主要有“道”“太极”“气”“理”“心”等。

---

［1］康中乾.中国古代哲学的本体论思想［M］.北京：中国社会科学出版社，2019:28.

［2］张岱年.张岱年全集：第1卷［M］.石家庄：河北人民出版社，1996:12.

［3］张岱年.张岱年文集：第2卷［M］.北京：清华大学出版社，1990:7.

最早的本根论是道论，老子提出："有物混成，先天地生，寂兮寥兮，独立而不改，周行而不殆，可以为天下母。吾不知其名，字之曰道，强为之名曰大"。道论认为宇宙本根是"道"。

太极论，太极论以阴阳未分之体为宇宙本根。《系辞传·上传》说:"易有太极，是生两仪，两仪生四象，四象生八卦。"

气论，以为万物都是一气之变化，以无形物质解说一切。《庄子·知北游》："人之生也，气之聚也，聚则为生，散而为死……故日：'通天下一气耳'。""察其始……而本无形。非徒无形也，而本无气。杂乎芒芴之间，变而有气，气变而有形。"（《至乐》）

理气论认为，宇宙之内，有理气两者，气及其聚合而成的物是形而下者，理则是形而上者。朱熹说"天地之间，有理有气。理也者，形而上之道也，生物之本也；气也者，形而下之器也，生物之具也。是以人物之生，必禀此理，然后有性；必禀此气，然后有形。"（《答黄道夫》）

心论，或称心本论，代表人物是王阳明，提出"心即理""心外无理"，用"心"作为解释世界的本原。

3.1.2.3 本根核心质性

综论中国哲学本根论主要有理、气、心三大类型学说。以理为本根的是道论与唯理论或理气论；以气为本根的是太极论与气论；以心为本根的是主观唯心论。三类型并非泾渭分明，实相生互转，如北宋张子提出气论，又认为气之变化必然有理。最具代表的本根论，首推道论。道家的道论主要内容和方向在"天道"，提出宇宙存在的本体问题。儒家的道论主要内容和方向在"人道"，探索人存在的本原问题，天与人不分，构成了本根论的核心和整体，具有极其丰富的含义，最基本的含义有本体性、生成性、抽象性、技术性、境界性、情感性等。

《老子》第二十五章"有物混成，先天地生。寂兮廖兮，独立而不改，周行而不殆，可以为天地母"中的"道"是生成天地万物的"母体"，表达了道的本体性；《老子》第四十二章中的"道生一，一生二，二生三，三生万物"体现了道的生成性。《老子》第十四章"视而不见，名曰夷；听之不闻，名曰希；搏之不得，名曰微。此三者不可致诘，故混而为一。其上不徼，其下不昧，绳绳兮不可名，复归于无物。是谓无状之状，无物之象，是谓恍惚。"是说道不能用看、听、触摸方式来把握，它存在于思想观念的理念中，具有抽象性；《庄子·养生主》中，庖丁曰“臣之所好者，道也，进乎技矣”又体现出道的技术性特征，以及道与器的关系。在庄子的道论中追求的是“人道一体”“逍遥”游，《庄子·大宗师》中的“游乎天地之一气”“游乎万物之始终”是一种有境界的自由性。孔子提出“仁道”讨论人伦之关系，超越理性观念层面，“君臣父子”之道饱含情感性特征。

3.1.3 本体思考

3.1.3.1 本体不是具体

根据中西方哲学对本体与本根的认识，在对武术的本体定位时，必须超越某一具体的拳种或技术，如果把某一拳种，如长拳作为本体，虽然长拳具有较大范围的普适性特征，但是那样就会落入具体的形而下的“器”，缺少了“道”的层次，不具备更高层面上的生发与统摄意义。

3.1.3.2 本体不离具体

考察中华武术的实体，从宏观层面看是拳种，从中观层面是分析各种训练方法以及技法，从微观层面是审视关于身体的练习，透过三个层面，需要我们认识到三个层面的最终诉求是什么，这就是统摄武术的“道”所在。

3.1.3.3 本与体的耦合

本是指事物的属性，体是指事物结构，当结构与属性耦合统一所显示出来的就该是其事物最本根、最抽象、最实质的属性，在中国道家哲学中称“道”，在儒家思想中说“仁”，在释家中是追求之“空”。那么，由武术的结构，即从拳种——拳势——身体的结构，所产生出来的属性就应该是其本体，基于此建立研究起点。

3.2 武术本体探索

3.2.1 反思传统

3.2.1.1 传统劲胜力说

传统武术拳论和许多武术家普遍认为“劲”胜过“力”，对劲都有较高的评价。清代流传的太极拳拳谱中认为：“劲由于筋，力由于骨”，由于“力出于血、肉、皮、骨，故有力者皆外壮于皮骨”，而劲与意气相合，它“走于膜、络、筋、脉”。因此，“有力能执数百斤，是骨节皮毛之外操也”；反之，“以全体之有劲，似不能持几斤，是精气之内壮也”[1]。民国时期的杂志也有讨论：“力完全是个人天赋的能力，劲则是由气与精神以及肢体关节之锻炼，日就月将而获得的一种作用”[2]。向恺然先生认为：“力愈大，劲愈小，去拳术功夫愈远”[3]。武术名家黄元秀区分自然力与劲的不同：“所谓力者，天然涨成，其效用随年龄疾病而增减，……所称劲者则不然。由于多年苦练而成，其效用不因年事疾病而减退”[4]。他强调了劲是后天训练获得的。

3.2.1.2 劲的三类概念

对传统武术劲的认识，从概念属性上可以分为三类：第1类，认为传统武术劲就是一种力，劲归属于力。第2类，提出传统武术“内劲”概念，在内劲与外力的争辩中，趋向于认为二者不同，但是缺乏有力论证。第3类，非严格逻辑定义，只是一般的描述和比较。尽管关于传统武术劲的论述很多，但是对劲的定义含糊，出现循环定义、含糊语词等逻辑错误。内劲与外力的对比中，缺少必要的标准以及客观实验支持，结果真实性不够。

3.2.1.3 概念存在不足

传统武术对劲极其重视，但是，对传统武术劲的感知和认识，还停留在“遇敌好似火烧身”的俗语描述较多，描述过于表面化的状态，应用现代科学手段对劲的研究少，缺乏对劲深层机理认知，还没有深刻揭示出传统武术劲的本质，这些都充分反映了传统武术劲的复杂性。

传统武术劲的复杂性，还表现在其不同拳种对劲的不同理解和不同称谓上。

3.2.2 劲复杂性

3.2.2.1 太极拳劲分类

由于中国武术拳种种类繁多，风格各异，各家各派劲的风格不同，即使是同一拳种，对劲感知也不同，对劲的分类也就相差甚远，衍生出许多传统武术劲的种类。众多拳种中，太极拳的劲多样细腻。陈炎林所著《太极拳刀剑杆散手合

[1] 清.王宗岳等著，沈寿点校.太极拳谱[M].北京：人民体育出版社，1991：132-171.

[2] 丕侠.力与劲[J].求是月刊，1935，6(1).

[3] 向恺然.拳术传薪录[J].国术统一月刊社，1936.

[4] 黄元秀.太极要义[M].文信书局，1946：90.

编》中有专门论劲，把劲分为：沾黏劲、听劲、懂劲、走劲、化劲、引劲、拿劲、借劲、发劲、开劲、合劲、提劲、沉劲、掤劲、捋劲、挤劲、按劲、采劲、挒劲、肘劲、靠劲、长劲、截劲、钻劲、凌空劲[1]。同样是太极拳，吴孟侠、吴兆烽编著的《太极拳九诀八十一注解》提出六合劲："拧裹、钻翻、螺旋、崩炸、惊弹、抖擞"[2]。

3.2.2.2 其他拳劲类别

除太极拳外，形意拳、八极拳等拳种都各有自己劲的类别。孙禄堂在《拳意述真》中明确形意拳有：明劲、暗劲、化劲[3]。刘云樵著《八极拳》中将八极拳劲道分为：沉坠劲、十字劲、缠丝劲[4]。《华岳心意六合八法拳》中的劲路有：螺旋、卷滚、鼓荡、挥鞭、钩沉、点水、寸劲、缠丝、二争、四隅、杠杆、抖弹、吸引以及许多类似其他拳种所有的劲路。[5]劈挂拳有辘轳翻扯、吞吐开合劲。通臂拳法讲求起伏拧转、开合吞吐劲等。

3.2.2.3 劲的分类描述

现有对传统武术劲分类主要集中在不同拳种中，尤其以太极拳对劲的分类最多，多数分类主要是从练功体悟视角和技法应用等标准提出的，许多劲的概念是象形化描述，如"翻浪劲""缠丝劲""枣核劲"等，这些分类缺乏逻辑学知识，划分标准不一致，没有站在传统武术劲的本质层面分类，存在分类交叉等逻辑性问题，但确实从中透射出了传统武术劲的地位重要性、内涵深刻性、种类丰富性等特点。

按照太极阴阳学说把劲分为：阳劲、阴劲；按照劲力属性分为：刚劲、柔劲；按照劲力表现分为：明劲、暗劲；按照用力点分为：实劲、虚劲；按照肢体运动形式分为：开劲、合劲；按照用力协调程度分为：僵劲、拙劲、硬劲、巧劲、妙劲、灵劲；按照身体用力部位参与多少分为：整体劲、局部劲；按照劲力路线分为：直劲、斜劲、横劲、螺旋劲、三角劲、波浪劲；按照劲力作用的时间分为：持续力、爆发力、撞击力；按照劲力作用距离分为：尺劲、寸劲、长劲、短劲；按照承接攻击力分为：顺劲、顶劲、合劲、借劲、分劲、截劲、堵劲、随

[1] 陈炎林.太极拳刀剑杆散手合编［M］.上海书店，1988:37-59.
[2] 吴孟霞，吴兆烽.太极拳九诀八十一注解［M］.北京：人民体育出版社，1958:8.
[3] 孙福全.拳意述真［M］.北京：新华书店首都发行所，1990:14.
[4] 刘云樵著，大柳胜译.八极拳［M］.东京：日本新星出版社，1991:29-30.
[5] 张长兴.华岳心意六合八法拳［M］.北京：北京科技出版社，2017:238.

劲、收劲；按照格斗过程接触对方肢体程度分为：粘黏劲、摩擦劲；按照用力方向分为：向上提劲、向下沉劲、前进劲、后撤劲、左拨劲、右化劲；按照象形取义分为：缠丝劲、推碾劲、鞭梢劲、弹簧劲、陀螺劲、炮燃劲、雷震劲、闪电劲、蹦豆劲；按照技击方法分为：钻劲、劈劲、卷劲、撅劲等；按照对劲力信息的感知分为：摸劲、找劲、听劲、喂劲、问劲、辩劲、知劲、懂劲等。

3.2.3 科学启迪

3.2.3.1 定义劲的维度

突破人们对传统武术劲认识的历史局限，知识不足，体认不够的瓶颈，改变对传统武术劲认识的不清晰、不具体、不准确，难理解、难操作、难推广的现状，需要我们勤于实践，大胆思考，在不失传统武术劲的真意的情况下，借用现代人体科学知识，包括实验手段，认识传统武术劲本质，采用科学语言表述传统武术劲，是时代的需要，更是对传统武术劲深刻认识的体现。

3.2.3.3 代表性新定义

目前，已经有学者从肌肉和神经之间的关系层面探讨传统武术劲。一生中致力于传统武术站桩功研究的于永年先生，从医学角度，对传统武术站桩功中讲的劲、气、意等概念作了深入研究，他认为：所谓的“物”或“东西”或“劲”或“内劲”的现代医学学名，叫做第二随意运动[1]。应该说这种突破性的认识对我们深度把握与研究劲，意义非同寻常。

徐伟军认为：劲是人体在意识控制与支配之下的一种精微的肌肉和器官运动效能，属于力的范畴。但它区别于机械的“直力”和“硬力”，“劲”具有“圆道”性，故不是矢量，它是在人体神经肌肉控制下的一种技能化了的身心之力。故，劲的作用效用的大小、方向和作用点是可变的[2]。

以上研究从不同角度和层面对传统武术劲作了深刻的研究，很有启发性。更为简练、精确、深入、本质地探讨劲是本研究的努力方向。

3.2.3.3 逻辑本质定义

从现代人体科学角度揭示传统武术劲内涵，通过对比发掘传统武术劲特性无疑是研究的正确方向，而且，现有研究从不同侧面也反映出了传统武术劲的一些

[1] 于永年.大成拳站桩与求物[M].山西：山西科学技术出版社，2005:169.

[2] 徐伟军.太极拳理论与方法的诠释[J].北京体育大学学报，2011，34(9):1.

特性，值得借鉴。最为值得注意的是如何确保传统武术劲的本质不变，又能有新的发展，甚至探索传统武术劲训练更为广阔的应用领域，是一项非常有意义的研究，需要不懈努力、不断积累。这里做点“积跬步”式探索，在前人研究基础上，本研究从传统武术劲本质出发，按照逻辑学下定义的方法，从传统武术劲的归属与种差角度，克服循环定义、含糊语词错误，突破“遇敌好似火烧身”的俗语描述，从身体能力角度，力求深刻揭示出传统武术劲的本质，确立传统武术劲的概念。

3.3 武术本体劲论

3.3.1 整劲本体

3.3.1.1 劲是武术之道

从西哲对本体追问的思绪，到中哲本根内涵透视的理念，反思中国传统武术的本体是什么？换言之，中国传统武术的道是什么？从武术的人体本能看，武术缘起于人的攻防本能，完成攻防行为的本质是一种机能，是身心作用下的能力；从武术的载体看，中国武术宏观上有131个拳种及兵器，中观层面表达为套路、功法、格斗三种主要形式，微观层面是由具体拳势组成，再进一步分解就是上下肢体动作，支配这些形体的内在动力；从训练角度看，武术的拳势、套路、功法等可见的或不可见的内容，其实质是为了获得一种能力，也叫功力。当我们透过现象，思考不同拳种，不同拳势，不同运动，目标直指一种能力，这种能力具有抽象性，似乎难以被看见，但却可以被感知，即具有支配动作的原动力，又被动作所规训产生，既是先天的本能，又是后天的技能。这种能力，传统武术称作“劲”“内劲”“内功”，武术中的劲就相当于哲学中的本体，相当于儒家之“仁义”，道家之“无为”，易经之“太极”，释家之“觉悟”，医家之“元气”。孙禄堂先生在《太极拳学》中言：太极者，在于无极之中。先求一致中和至虚灵之极点，其气之隐于内也，则为德，其气之现于外也，则为道。内外一气之流行，可以位天地，孕阴阳。故拳术之内劲，实为人身之基础。在天曰命，在人曰性，在物曰理，在技曰内家拳术。名称虽殊，其理则一，故名之曰太极。古人云：“无极而太极。”不独拳术为然，推而及于圣贤之所谓执中，佛家之所谓圆觉，道家之所谓谷神，名称虽殊，要皆此气之流行已耳。故内家拳拳术，实与道家相表里，岂仅健身体、延年寿而已哉！[1]

孙禄堂先生开近代中国武学之先河，深刻揭示了拳术的最高境界是“内劲”，内劲就是“太极”“道”在武术中的呈现，“名称虽殊”“其理则一”，即天地万物都遵从自然运行的法则，是“一”，万物是“多”。但是这个“一”是什么？似乎又陷入“道可道，非常道”的只能意会不能言说，难以捉摸的“不可知论”中，武术的修炼可开启一条通过身心感知获得对道的体悟，对世界“一”的真切把握。

3.3.1.2 筋产生劲之说

传统武术拳论中认为劲产生于“筋”。在长期的武术实践过程中，人们感觉到了劲的存在，而且，认为是由于“筋长”产生出劲。在传统武术拳谚中就流传“宁练筋长一分，不练肉厚一寸”。清代杨式（特指太极拳）传抄老拳谱记载：“劲力为身之用”“劲由于筋，力由于骨”[2]。

台湾已故太极拳研究者张敦熙认为“劲由肌肉的放松与紧缩，以筋络的放长、收紧、在同一方向，同一时间，发出之身体弹劲，谓之劲。劲包含力，力不包含劲”[3]。

大陆太极拳研究者孙南馨先生分析太极拳劲的产生认为：“劲是筋的伸长。筋，是指连接骨缝间的韧带。筋的伸长所产生的力，其质量远远超过肌肉收缩紧张所产生的力。筋的伸长所产生的力，通称之谓‘劲’”。

传统武术对筋长产生劲认识的局限与证实。以太极拳为代表的传统拳种认为传统武术劲产生于“筋”，又把筋认为“是指连接骨缝间的韧带”，传统说法是“筋长”劲大。事实上，从现代人体解剖科学分析“韧带和肌腱的牵伸性极差，不可以被牵伸或牵伸的范围极小，且韧带是维持关节稳定最重要的结构，一旦被破坏将使关节失去运动的功能”，而真正能被拉长的是肌肉，“肌肉的长度由静止放松状态到最大牵伸状态，其长度可增加50%”[4]。

由此可见，传统武术认为的“筋长”产生劲，其实主要是肌肉的伸缩变化，而绝非解剖结构上肌腱和韧带的增长。有趣的是，为什么传统武术强调筋与劲的关

[1] 孙禄堂.孙禄堂武学录［M］.北京：人民体育出版社，2001:190.

[2] 清.王宗岳等著，沈寿点校.太极拳谱［M］.北京：人民体育出版社，1991:131-132.

[3] 张敦熙.太极拳研究一得纪要［M］.台湾：逸文出版有限公司，2000:37-38.

[4] 王安利.运动损伤预防的功能训练［M］.北京：北京体育大学出版社，2013:108.

系，从解剖学角度看的筋却没有比肌肉更大的伸缩性？是不是人们把产生劲的本体感觉的肌肉伸展错认为“筋”呢？还是古代人没有现代人肌肉概念呢？这种可能性是存在的。“筋”所涵盖的肌腱，确实是产生劲的极其重要的条件，没有肌腱的稳固，肌肉的力量没有着落点，肌纤维也不可能伸缩变化，就不可能产生更大的力。因此，前人的认识是有其客观真实性的，只是限于运动解剖知识，表达不够清晰。但是，在实践层面的感受和认识有其真实性，需要我们客观、科学地分析，提取有价值的观点，千万不可轻易地否定，也不可不假思索地接受，两者都不是科学的态度。对“筋”的认识将在本文站桩分析部分中提出一种“静桩练肌腱”的假说。

传统武术对劲与神、气的认识有局限。我们看到大量有关劲与“气”“神”“丹田”的论述，也知道几乎每位传统武术老师都能讲劲，但是都缺乏清晰可操作的方法和具有普适性的科学解释。特别是在现代语境下，缺乏必要的传统哲学、医学、道家文化知识、练功体会，加上原本传统思维中概念模糊的“特点”，关于劲的论述着实难以让大众理解，需要我们大胆突破历史局限，认真继承并创新，否则永远是“以其昏昏使人昭昭”。

传统武术认为劲不同于力，劲不在外而在内，通常称内劲，内劲也不是外在鼓腹努气的外表动作。

一些拳术家都认为：“拳中之内劲是鼓小腹，硬如坚石，非也”。

通臂拳的劲，有内外之别。外劲是指各种力量之间的分合消解，而内劲则较为深奥，是对蕴藏在人体内部的一种潜在能量的发掘与应用[1]。

为了区别劲和力，在太极拳、形意拳、八卦掌等拳种中，则常常称之为“内劲”，也有人叫“内功”。

传统武术对劲、内劲与力的不同认识揭示了劲的内在性、整体性并非局部用力的特性。但是，劲与力的区别主要还是停留在体认的感觉层面，显然缺乏上升到理性层面的实证性论证。

纵观传统武术拳论对劲与力的认识，已经反映出劲的客观存在以及具有的深层次、整体性、复杂性特点，为进一步深入认识劲提供了宝贵资料。但是，不容置疑，传统武术对劲的认识有历史的局限和认知的缺憾，特别是在科学阐释与系统性上需要创造性地发展。

[1] 郭瑞祥.通臂拳二十四势[M].北京：人民体育出版社，2004:3.

3.3.1.3 劲的定义

“劲”字，许慎的《说文解字》解释为“疆也，从力，巠聲”，译文“劲，强健有力”[1]。

力字，《说文解字》解释为“筋也。”译文“力，筋肉张缩的功用。像人的筋肉纵横鼓起的形状。”注释“筋下曰：肉之力也，二篆转注。筋者其体，力者其用，非二物。引申之，凡精神所胜任皆曰力”[2]。

从汉字的本意看，劲与力有通约性，这也是在传统武术中常常将劲与力混用的原因所在。

物理学上认为力就是物体与物体的作用。《运动生物力学》认为：力的作用可使物体产生加速度和形变，前者叫外效应，后者称内效应，如果将人体看作一个力学系统，那么，人体内部各部分相互作用的力称为内力。如肌肉力、韧带张力、软骨应力、骨应力等。外界作用于人体系统的力，如重力、支撑反作用力、摩擦力等为外力，人体内力可以引起系统内部各部分相对运动，不能直接引起人体整体运动[3]。

从字形字义看，劲就是力，在日常生活中，从肌肉紧张感觉到力，再到生物力学讲的力，劲本质上也是物体（人）之间的一种作用。

但是，传统武术说的劲与人们日常生活讲的劲是两个不同概念。传统武术中称的劲，有它自身的独特性。从力的篆书象形文字㽞，可以看出是人的筋肉纵横鼓起的形状，表示用力。一般情况下人体用力肌肉会收缩鼓起产生力，但是，传统武术中，尤其是太极拳、形意拳等内家拳高手，看似他们与人接触的肢体并没有明显的肌肉鼓起用力，却常常能发人于一丈开外，似乎有一种超自然的神奇力量，给人一种神秘感。这种内在不显露体表的能量被传统武术称为劲，有的叫做内功，果真如此吗?

事实上，我们在讨论劲时，不能忽略讨论域，更不能偷换概念，必须站在武术视域，分析传统武术劲，它既没有脱离力的范畴，又不是工作中感到的局部肌肉用力，更不是机械用力。那它是什么?

武术之武，无论是“止戈为武”，还是荷戈征战，或者是挥戈不武，攻防属

[1] 许慎.说文解字[M].北京：中国戏曲出版社，2008:1952.
[2] 许慎.说文解字[M].北京：中国戏曲出版社，2008:1949.
[3] 全国体育学院教材委员会.运动生物力学[M].北京：人民体育出版社，1990:57.

性之所以为武的核心，与人的攻防本能有关，生物学称之为“攻击性本能”[1]。就人体而言，攻防格斗离不开格斗的神经冲动和格斗的身体条件，这是武术最核心的两个充分必要条件。比较行为学研究动物的攻击行为认为“真正的攻击行为是同类之间的相互作用”。[2]人与人格斗，不同于人与动物、动物与动物的厮杀。特别是到中国武术出现了太极拳、形意拳、八卦掌等拳种时，武术格斗已经脱离了原始性。武林高手可以“以柔克刚”“牵动四两拨千斤”“发人于丈外”“化打合一”。分析格斗过程，打人是人体与人体间的作用，要把人打出去，不能没有力，想不被人打，同样需要力来躲闪防守，这是什么力？力学原理说得很清楚，力无非是肌肉力等身体内力，借助支撑反作用力等外界力，共同作用产生的运动能力。可是，传统武术的劲，所表现出来的超常的力度、奇妙的变化，无论是哪种劲都是一种功能的实现，如“撞劲”可以将人撞飞，“捋劲”可以使人失去重心跌出，“缠劲”可以缠绕对方不得脱身，而这种能力的获得是通过后天反复揉练获得的。因此，传统武术劲是一种激发人体攻防潜能的整体功能力，称为内外整劲，简而言之为劲、整劲、内劲或通俗称劲力。

这个基本定义，首先规定了传统武术劲是一整体功能力，所谓“功能”，指物体外部表现出来的性能和作用。整体有两层含义，一是指发力主体的身心内外全部，二是指借助外界的反作用力全部，其核心主要是指人体的全部而非局部。传统武术的每一种劲都有明确的性能和作用，不同于单纯的爆发力、最大力量的概念，大量的传统武术劲都表达这种内涵。其次，这种功能力是一种激发人体潜能的身心整体机能。所谓潜能就是潜在的能量，表现为超出一般人体运动的整体力、可控力、弹性力，其生理学机制是通过意识对机体进行训练，使全身各大系统为完成某一项活动而协同一致，产生神经与肌肉高度统一的一种运动能力，包括肌肉运动的动能和通过特定站桩动作储存在肌腱的弹性势能的整合，以及心理作用与生理功能的统一。

而且，这种整体功能力具有传统武术攻防属性，表现在具体的攻防动作中，这是传统武术劲与一般整体力量的种差。中国武术具有131个拳种，各拳种都有自己典型的拳势和攻防动作。因此，千差万别的攻防拳势和动作又是区别中国武术与其他武技以及不同拳种的主要标志。

[1] 旷文楠.中国武术文化概论 [M].成都：四川教育出版社，1990:14.

[2] 张连峰，秦川.比较行为学基础 [M].北京：中国协和医科大学出版社，2010:28.

抛开不同的拳势和攻防动作，回归到人体能力上，激发人体潜能的整体功能力，才是传统武术最终追求的核心能力，这其实就是传统武术所讲的“一”。孙禄堂提出形意拳练的是“诚一”，八卦拳练的是“万法归一”，太极拳练的是“抱元守一”。孙禄堂说“又知拳之形势名称虽异，而理则一”[1]。因此各种拳术，尽管动作不同，劲和练习劲的原理却是相同的，这也是孙禄堂提出的形意拳、八卦拳、太极拳三拳合一的理论基础之一。

传统武术所谓的“不打而打”“脱化神明”的境界，其实质并没有脱离人体建立条件反射的基本原理，同样要经历掌握技能的泛化、分化、自动化的阶段。

在此笔者也想说明一点研究认识：到目前为止，人类的格斗能力还不可能超越生理极限和力学原理，传统武术中所谓的神功绝技，要不是苦练出来的超常人的运动技能，要不就只存在小说和影视作品中。当然，我们这么说，并不是否认传统武术劲的独特性，相反，传统武术劲的形成符合科学原理并具有自身特殊性。如在传统武术劲训练中，太极拳提出了称为招熟、懂劲、神明三个阶段就符合运动技能掌握的生理规律。

3.2.2 内涵分类

3.2.2.1 内劲外力之别

传统武术劲，常常被称作“内劲”，以至于“内劲”成为颇具神秘色彩的词汇，自古以来令“无数英雄竞折腰”，不知究竟何为内劲，内劲与外力有何区别?

其实，传统武术说的内劲，是人体整体功能力与武术攻防技法高度统一形成运动技能 “自动化”的一种表现，与一般练习初期动作不够熟练，用力不够协调相比较而言，这里我们把练习初期称为“外力”阶段，以便比较。

区别之一，意识控制程度不同。传统武术中讲的“内劲”，由于往往在不知不觉中产生，似乎隐藏在体内，是“不期而然”的劲。坊间流传着某武术大师在洗脸时遭人背后偷袭，结果偷袭者被弹出数米的故事。这里我们不探讨故事的真伪，其实，故事说明的是人的一种经过训练后“自动化”发劲的本能，就像不经意间踩到西瓜皮滑倒瞬间，本能自我调整身体平衡的能力。

这种劲就是传说的“内劲”或者通俗说的“内功”。其实质是人体一种整体

[1] 孙禄堂著，孙剑云编.孙禄堂武学录[M].北京：人民体育出版社，2001:379.

性功能力的表现，其形成是一种运动条件反射的建立。之所以在毫无准备的情况下还可以做到"弹人丈外"，机理是"随着运动技能的巩固和发展，运动条件反射达到非常稳固的程度以后，动作可在无意识的条件下完成"[1]。

孙禄堂解释说产生内劲的机制是"中和"，"中也者大本也，和也者达道也"。孙氏拳学研究者童旭东先生进一步解释："中即虚无之意，非刻意之意，即由虚无之意状态下产生的功能，在拳中，曰内劲"[2]。

我认为童先生解释符合运动技能形成原理，即内劲是动作的"自动化"。这就是传统武术说的"神明""化劲"的感觉。

不过把内劲说成是无意识的自动化，不够科学，因为"人的任何动作都是大脑参与下完成的，区别只是参与程度不同而已"[3]，所以，我们说在潜意识下，人体达到的整体功能力，就是内劲的体现。

"外力"阶段，需要强化意识，即在完成动作时需要意识对每个关节以及用力部位等进行有意识的调控来完成动作。

外力是内劲的基础。内劲是"自动化"的整体控制运动状态。

区别之二，运动幅度不同。一般情况下，外力阶段的动作运行轨迹和幅度较大，通常肉眼可见；而内劲阶段的动作相对而言，外形运动幅度减小，运劲过程隐蔽，动作没有预兆，不宜察觉；

区别之三，动作效能不同。效能是指达到系统目标的程度，或系统期望达到一组具体任务要求的程度。

外力阶段，动作相对内劲阶段而言，由于经过意识调控、运动幅度较大，运动力量效能低于内劲阶段，而且动作的攻防效能也会有所降低。

3.2.2.2 劲形成三阶段

传统武术中，常常把劲按照熟练程度分为招熟、懂劲、神明三个阶段。招熟的过程是去掉不协调的力——拙力阶段；懂劲是动作逐步熟练过程形成的协调劲——调劲；神明就是"自动化"——内劲。其实质，就是运动技能形成的三个过程，见表3-1。

[1] 全国体育学院教材委员会.运动生理学［M］.北京：人民体育出版社，1990:211.
[2] 童旭东.孙氏武学研究［M］.北京：中国书籍出版社，2008.
[3] 杨锡让.实用运动生理学［M］.北京：北京体育大学出版社，1998:197.

表3-1 三种劲的生理学比较

劲别	身体情况	动作表现	劲力特征	传统拳论	技能阶段	生理原因
招熟 拙力	身体僵硬 呼吸无序 想做不一	多余动作 不连易错 主次不分	肌肉紧张 憋气无力 局部用力	去僵求柔 先求招熟 明劲	刚学泛化 害怕干扰 说不清楚	兴奋在大脑扩散，不该收缩肌肉收缩
懂劲 调劲	身体协调 呼吸有序 要想才做	动作连贯 幅度适中 动律清晰	肌肉松紧 呼吸助力 协调整力	集柔成刚 再求懂劲 暗劲	粗学分化 能抗干扰 说明动作	内抑制建立，分化抑制逐渐完善
神明 内劲	身体松静 呼吸合拍 少想即做	动作流畅 发力无痕 自然轻松	肌肉自动 呼吸有力 力大可变	刚柔协一 阶级神明 化劲	精学自动化 不受干扰 清楚表象	兴奋与抑制转化自如

本研究通过太极拳掤桩和按桩的实验，揭示三种水平下用劲的特点，结果见表3-2。尽管本实验人员少，数据采集量小，不具备大量数据的统计学意义，但是也可以在一定程度上说明问题。

表3-2 拙力、调劲、内劲实验比较表

动作名称掤桩	运动情况	拙力	调劲	内劲
动作说明：两脚开立屈膝约135度，两臂环抱胸前做圆环运动	用力部位	三角肌放电明显，其他部位不明显	三角肌、背阔肌点、竖脊肌等均有变化。	除上肢外，臀大肌、股直肌、股二头肌、比目鱼肌有变化
	用力顺序	肱三头肌（左）<肱三头肌（右）<三角肌（左）	肱三头肌（左）<肱三头肌（右）<三角肌（左）<肱二头肌（左）<肱二头肌（右）<斜方肌（左）<三角肌（右）<斜方肌（右）	上肢变化同外劲趋势相同，左右侧肢体的用力时间间隙更小
	发力放电	以右肱二头肌为例，肌电变化不明显	以右肱二头肌为例，开始发力时间3.19秒，最大幅值0.001232V	以右肱二头肌为例，开始发力时间3.184秒，最大幅值0.0023V

续表

动作名称掤桩	运动情况	拙力	调劲	内劲
动作说明：两脚开立屈膝约135度，两臂环抱胸前做圆环运动	发力放电	以右肱二头肌为例，肌电变化不明显	以右肱二头肌为例，开始发力时间3.19秒，最大幅值0.001232V	以右肱二头肌为例，开始发力时间3.184秒，最大幅值0.0023V
	意识情况	没有明显运动意识	用意识控制关节依次运动，控制肌肉用力过程	只想动作开始，用力顺序固定形成
注：本表中拙力数据采取普通大学生的典型数据，调劲数据采取经过24学时专门训练而且有1-2年太极拳练习经历的运动员的数据，内劲数据采取武术专家的数据				

表3-2显示，当动作熟练，意识不需要更多关注运动细节过程，只是有启动意识时，在技术动作规范前提下，动作的用力部位肌电有序，且动作肌电放电峰值高，显示了动作整体性以及身体对动作的控制力较好，属于内劲水平阶段。

如果动作顺序正确，但是熟练度不够，需要更多关注技术细节，且肌电显示运动顺序正确，但是肌肉放电峰值略低，说明用劲水平次之，属于调劲水平。

初学者，做不到按要求整体有序用力，其反映是肌电放电只是局部，而且，在发力与不发力之间肌电几乎没有变化，采集不到对比数值，说明用局部力，用劲水平属于初级入门水平。

通过描记运动过程肩关节角度变化，显示内劲水平的动作，关节角度变化更加圆滑流畅，见图3-1。

由于测试太极拳动作要求精细运动，仅凭观察不宜察觉，故采用肌电测试，对不同劲力水平进行初步实验。

传统武术劲属于力的范畴，但是又超越了一般解剖意义上的局部肌肉收缩力和日常工作的用力，以及单一的机械用力，是一种深度开发人体潜能的整体功能性的力。就传统武术而言，武术劲表现为激发人体攻防潜能的整体功能力。传统武术所谓的内劲其实是武术技能“自动化”的表现。

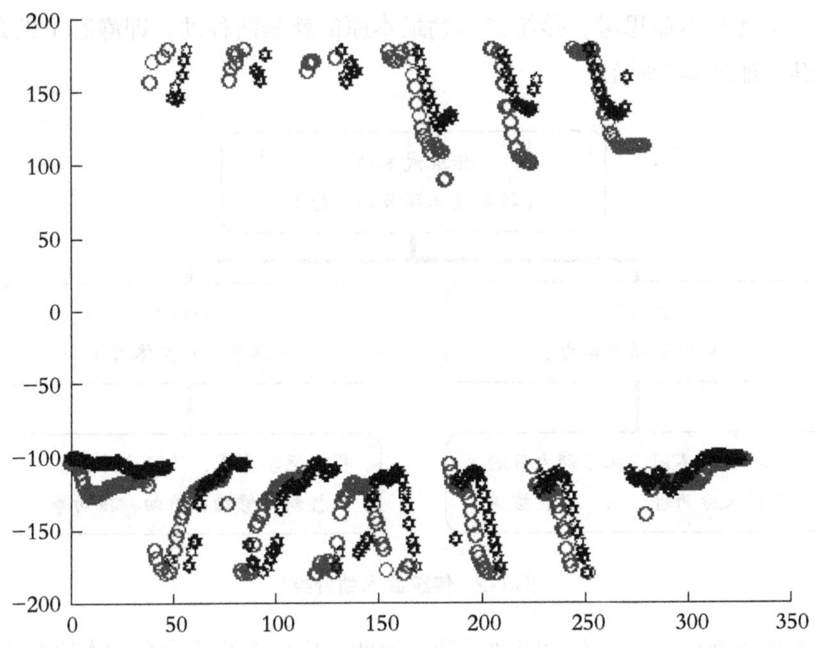

图3-1 左肩发力（浅色：专家；深色：一般运动员）

3.2.2.3 劲的本原分类

所谓本原是指事物起源。“知其要者，一言而终”[1]。以人体为对象，从传统武术劲作用、特点和人体运动状态出发分析传统武术劲。

从传统武术劲攻防属性看，就攻防而言，人体之间的作用，必然产生力，身体稳定和劲传递是两个核心本原要素，这两个核心的运动状态对应的就是相对静止和运动状态。

从可观测视角看，事物运动状态有两种：动和静，人体的运动也无非动和静两种基本状态，从人体结构看，凡是人体环节有位移的就是动，凡是环节保持不动的即为静。所谓环节，解剖学解释为：人体身上可以活动的每一段肢体、节段或绕关节转动的骨[2]。

[1] 吕嘉戈.中国哲学方法——整体观方法论与形象整体思维［M］.北京：中国文联出版社，2003:21.
[2] 胡声宇.运动解剖学［M］.北京：人民体育出版社，2000.

从人体运动来看，自身内力（如肌力）借助外力（如支撑反作用力）才可以有位移，由此从本原思考，传统武术劲最本原的就是两种劲，即静态下的劲和动态下的劲，如图3–2所示。

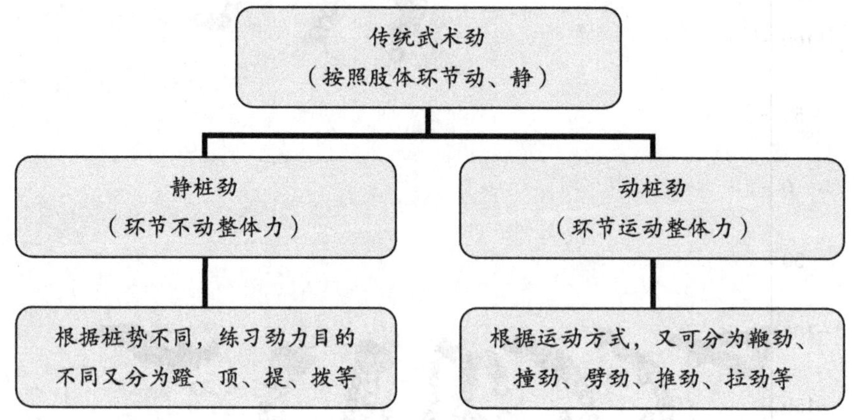

图3–2 传统武术劲分类

静态劲叫静桩劲，动态劲叫动桩劲，由此，构成传统武术劲的本原分类。

桩，象形取义如同树木扎根地下稳定的状态。

静桩劲，是指身体环节相对处于静止状态下的全体身心整体功能力。

动桩劲，是指身体环节在运动状态中的全体身心的整体功能力。

传统武术劲从身体表现看就是人体完成攻防动作的整体功能力，具有整体性、可控性、哲理性三大特点。

3.2.3 整劲特点

3.2.3.1 劲整体性特点

传统武术劲是激发人体攻防潜能的整体功能力。从概念内涵看，传统武术劲是一种整体功能力，而激发人体攻防潜能是它的种差所在，外延包括了各种传统武术的攻防能力，如踢、打、摔、拿、跌、靠、推、击刺、劈砍等，而这些劲通过特殊训练具有自身特点。

传统武术劲之所以常常被人们称作“整劲”“浑圆劲”“六面力”“支持八面力”“拳劲”等，是因为这些称谓从不同层面和角度或多或少地反映了传统武术劲的一个重要特性，即整体性特征。

何为整体性?

毫无疑问，产生传统武术劲的客体是人。可是“人”是什么？看似一个肤浅之问，其实是一个严肃复杂的科学哲学问题。医学家对人的属性做了归类，认为有“自然属性的人，社会属性的人，精神情志属性的人，活的整体属性的人，组织、器官属性的人，细胞属性的人，生物分子属性的人”[1]七种。

显然在运动中主体是“活的整体属性的人”，因此，不能切割肢解地看待人。

人的整体性决定了传统武术劲的整体性。传统武术劲整体性就是保持人体结构整体下的功能最大化。表现为：身心同练，内外合一。这是劲力整体性的物质基础——身体结构完整。

中医认为人体是精、气、神和形体统一的生命体，外有四肢百骸，内有五脏六腑，由经络系统联系内外构成整体，整体性就是内外合一。

从结构外表看，解剖学认为人体分头、躯干和四肢；从结构层次来看，有皮肤、皮下组织、肌肉、骨骼等组织器官；从功能角度来看，有运动、消化、呼吸、泌尿、生殖、循环、内分泌、神经和感觉九大系统。从解剖学角度看整体性，就是系统之间协同，系统内部协调，功能一致。

在传统武术劲训练中突出整体性训练，把基本功分为腰、腿、顶、桩功，而不是把人体按素质分解为力量、速度、灵敏、耐力等肢解练习，破坏了人体的整体活性。

传统武术要求身体左右对称，上下对拉，前后对撑，从头到脚体现出中正不偏、自然舒畅的良好体态；在身体各部位空间关系上要求三尖相对（即鼻尖、手尖、脚尖相对），三节相合（肩与胯、肘与膝、手与足相合），每个身体部位都对向用力，在空间上，上下、左右、前后每个面都有稳定力，形成整体身型下的像球一样的整体力。

整体与局部相对，传统武术劲不是身体单独某一部位的运动，要求“一动无有不动”。拳论讲“劲起于脚跟，主宰于腰间，形于手指，发于脊背”“其根在脚，发于腿，主宰于腰，形于手指；由脚而腿而腰，总须完整一气”等。遵循三节的运动规律，稍节领，中节随，根节催。太极拳的劲技术要求更为细致，“行

[1] 李致重.医理求真[M].太原：山西科学技术出版社，2012:183.

气如九曲珠，无微不至”“运劲似百炼钢，何坚不摧”[1]，就是节节贯串的整劲，见图3–3。

图3–3 贯穿图[2]

3.2.3.2 劲可控性特点

传统武术劲不同于物理的力。物理的力具有单一方向矢量性，武术劲则极其灵活多变，是人意识可控制的“活力”，其可控性表现如下。

第一，浑身是手，遍体弹簧。这是指意识控制自己身体每个部位都可以发力的要求。手不只是手的肉体器官，代表的是控制。传统武术讲头、肩、肘、手、胯、膝、足人身七拳，“挨着哪里，哪发人”，而且，每个部位都要像手一样灵活，能发出各种整体劲力，似如弹簧，也可以转动被攻击部位，改变来力攻击的作用点，变成各种化解劲，这些均表达了极强的身体控制力。

第二，随风如影，力无定向。这是对发出力的控制。传统武术劲是一种力，它具有力的大小、方向、作用点三要素，通过对力点、力向、力度、力源控制，发出随机、多变、灵活的各种力。如多次改变力向模仿大海波浪，发出“波浪劲”；变化力度大小，发出“弹抖劲”；转化力点，发出“螺旋力”。

第三，随屈就伸，化打合一。这是指对攻防转化的控制劲力。以太极拳为代表的传统武术讲究“舍己从人”“听劲”“化劲”“发劲”，形意拳讲究“顾打

[1] 魏树人.杨式太极拳术述真［M］.北京：人民体育出版社，1999:201.
[2] 魏树人.杨式太极拳术述真［M］.北京：人民体育出版社，1999:201.

合一”“起钻落翻”，都含有攻防方法，这是指能根据对方攻击，有感而应，控制力的要素转化攻防属性，进而控制对手，体现了人的感知和变化力，所谓“因敌变化示神奇”。

3.2.3.3 劲哲理性特点

劲原本是一种力，可是它超越了一般的物理当量的力，被赋予了一种哲理特殊性，表现为：

第一，劲通哲学，理劲一如。劲的形成是哲理的体现，理论与劲力是一个统一体。由于产生传统武术劲的思想来源于丰富的传统哲理，哲学赋予了劲的哲思；反过来，传统武术劲的应用是技击方法，更是传统哲学思想的形体表达。如太极拳的“化劲”就是“上善若水”思想的最好身体表现，“立身中正”反映“中庸”思想。可以说，传统武术劲的应用就是一种中国哲学思想的身体印证。

第二，练劲修身，变化气质。“武术界一般将经过后天反复揉练、并与武术技法相融合的肌肉力量称劲”[1]。传统武术劲的丰富与独特，决定了练习传统武术劲的漫长与艰苦，“揉练”是通过对身体的练习，“为道日损”，“损”去腰酸腿痛，通过日积月累，磨炼的是意志品质，培育的是无所畏惧而又温文尔雅的气质。

第三，打而不打，求劲悟道。传统武术劲的水平不断提高，达到“自动化”的技能。由于劲自身包含的哲学思想，在千万次重复的打练中，其实，已经超越了肌肉水平的技能，胜过了输赢的结果。著名武术家孙存周先生感悟：“我中年以前的拳术，其霸气雄浑，弥不可掩，挡者皆糜。虽也有不动而彰之能，但是神气威光暴露无遗，未达至妙境地。中年以后的拳术则臻于洽合彼意不失毫厘，举手投足平淡无奇，与日常生活之神态、动作无异。从容从道，使彼亦不能胜。至此渐悟中庸之性与中和之用互为作用之妙，呈现恬淡、内涵、圆融，如是渐臻至妙，技近乎于道”[2]。

由于中国传统文化对人的认识不仅停留在“形而下”的肌肉、器官等器物层面，更是上升到“形而上”的精神、思想层次。因此，练劲的目标已经变成了通过练劲“变化人气质”，体现一种由技入道的思想境界。

[1] 中国武术大辞典编辑委员会.中国武术大辞典［M］.北京：人民体育出版社，1990:316.

[2] 张立德.内劲与拳击［M］.福州：福建科学技术出版社，2007:11.

4 中国传统武术身心认识论

4.1 认识身心概念

4.1.1 何为认识

4.1.1.1 西哲的认识观

人永远是在认识世界中求生存、过生活、度生命，在生存过程中完成各种生产劳动，进行文化变革，建设人类社会，所以认识问题是人类与生俱来的需求。

古希腊哲学起源于对世界的“惊异”，开始只“向外看”身外的世界，追问“存在的本体”，忽视了“向内看”身内的“精神”，即关注本体论，忽视认识论。直到17世纪，笛卡尔意识到“外部世界的存在”其实是被统摄在自己精神之中才成为可以指谓的“存在”，从而提出“我思故我在”命题，认为“我思”才是唯一可以证明的存在，开启“认识论”先河，在不能否定外界客观存在的矛盾中只能提出“二元论”。

从笛卡尔的“怀疑”，休谟的“独断”，康德拷问“知的规定性”，黑格尔“辩证的绝对理念”，恩培多克勒的 “流射说”，洛克的“白板说”，贝克莱的“存在即被感知”，亚里士多德的“蜡块说”，直到“近代以来，认识论成为哲学的中心，出现了经验论和唯理论两种走向，其目标在于探析普遍必然性知识的来源，也可以看作探究其极限性根据问题”[1]。迄今为止还没有完全解决认识论的问题，长期以来，笛卡尔的“二元论”在西方占据重要地位。

4.1.1.2 中哲的认识观

中国古代的认识观，大致可以分为“唯心”先验和“唯物”实践两大类。孔子的《论语·季氏》言“生而知之者上也；学而知之者次也；困而学之又其次也；困而不学，民斯为下矣”。孟子在《孟子·告子上》说“恻隐之心，人皆有之；羞恶之心，人皆有之；恭敬之心，人皆有之；是非之心，人皆有之”。老子的“不出户，知天下。不窥牖，见天道。其出弥远其知弥少。是以圣人不行而知，不见而名（明），不为而成”。庄子的“物物者非物。物出不得先物也，犹其有物也”。董仲舒的“圣人发天意”，禅宗的“顿悟”，韩愈的“天授人以圣贤才能”，朱熹的“即物穷理”，陆九渊的“发明本心”以及王守仁的“致良

[1] 欧阳康.认识的极限及其超越：认识论研究的一个重大前沿问题［J］.哲学研究，2020(2):4.

知”等，都是中国古代哲学思想“唯心”先验论的典型。

墨子《墨子·兼爱》中的“天下之所以察知有与无之道者，必以众之耳目之实知有与亡（无）为仪者也。”荀况和墨家的“接物而知”，王充的“学之乃知”，刘禹锡的接物“明理”，王安石的“与物运转”，王夫之的“行先知后”以及颜元的“手格其物而后知”等都属于“唯物”实践认识观点。

中国古代的认识观，侧重“心”，但是也不乏重视“物”。二者难以截然分开。如孔子说“生而知之”，也说“学而知之”；王夫之的“行先知后”只是认识过程的步骤，其实也包含心“知”成分，因此总体上“知行合一”是认识的主体趋向。

4.1.1.3 对认识论思考

认识本身就需要被认识。不同时期，不同哲学流派，不同人对认识存在不同观点，纵观古今中外，有对哲学是否要认识论的争论，有唯心与唯物的斗争。究竟何为认识?

首先，认识是人的本能，认识是构成哲学不可或缺的重要组成部分。其次，人的认识离不开眼、耳、鼻、舌、身的感知和大脑的思维及逻辑理性分析的综合活动。最后，认识其实是认识主体通过中介与对象的属性耦合活动。主体即是人的感官及大脑中枢，如眼睛只能感受400~700纳米的光波，通过“光波”对客体对象如灯光的感知，只有在可感光范围内才可以感知到，即是“耦合”。

长期唯物与唯心争论，唯心认为意识决定物质，把认识看成先于物质、先于人的实践经验的东西，顺序为：思想—感觉—物；唯物认为物质决定意识，认识的本质就是在实践基础上，主体对客体的能动反映，顺序为：物—感觉—思想认识。如果横向看，把物质与精神平行对立看，有唯物与唯心之分，如果纵向看认识过程，其实是同时存在，不可分，唯的物是心之感，唯的心本身也是物的存在，离不开物，用身心代表物质与精神，就是身心一元。

4.1.2 身心概念

4.1.2.1 二元身心观点

“身心”问题，在哲学论域通常称为“身体观”“身体论”“身体哲学”。身体问题是哲学中一个亘古弥新的问题。身体不只是生理意义上的形躯，更是由历史、社会、政治权利与文化建构而成的，它是人自我理解的起点，也是我们理解世界的媒介。[1]在探索世界本原，事物本体，人类本性的道路上，肇始于希腊古典哲学奠基人的苏格拉底、柏拉图以及笛卡尔等一些哲学家，持有“身心二元论”的观点。身心二元论的核心观点是将“身”与“心”完全对立起来，甚至是充满“敌意”的对立。柏拉图认为：身体对于知识、智慧、真理来说，都是一个不可信赖的因素，身体是灵魂通向它们之间的障碍。因为“带着肉体去探索任何事物，灵魂显然是要上当的”。二元论认为，身体是短暂的，灵魂是不朽的；身体是贪欲的，灵魂是纯洁的；身体是低级的，灵魂是高级的；身体是错误的，灵魂是真实的；身体导致恶，灵魂通达善；身体是可见的，灵魂是不可见的。[2]身体的欲望、贪婪、冲动，羁绊了心灵的澄清、理性、自由。因此，苏格拉底即使有逃生的机会却毅然决然放弃，谈笑风生面对死亡，追求“灵魂和肉体的分离”。

传统二元论的身体基本上处在被灵魂所宰制的卑贱——真理的卑贱和道德的卑贱——位置。在欧洲中世纪，身体陷入了哲学、教会的双重压制，处在“灵魂和意识为它编织的晦暗地带反复低回”的漫漫黑夜。直到尼采等哲学家出现，西方哲学才开始了身体转向。

4.1.2.2 一元身心主张

如果简单地说西方哲学的身体观是“身心对立”的“二元论”，中国身体观是“身心合一”的“一元论”，恐怕有些“武断”。因为，尼采的“一切从身体出发”“以身体为准绳”，梅洛庞蒂的“世界的问题，从身体开始”，福柯的“关注自我”等思想，已经将“身体”作为本体论，“把哲学从天空拉向了地面，从意识拉向了身体”[3]，从身心二元论观点向身心一元论观点以及二元论中的身体优先论转向。

如果说西方哲学对身心认识是由二元到一元转向，那么中国哲学或思想对身心的认识，起点就是一元论。身与心，在不同历史时期的表述用词不尽相同，多写为“形与神”，如荀子《天论篇》：“人形具而神生，好、恶、喜、怒、哀、乐、藏焉”[4]。明代张景岳则指出：“形者，神之体，神者，形之用；无神则形

[1] 海景龙，陈丽.身体的哲学研究综述以西方身体哲学为视角［J］.四川体育科学，2013，32(1):18.

[2] 汪民安.身体、空间与后现代性［M］.南京：江苏人民出版社，2015:2.

[3] 张再林.作为身体哲学的中国古代哲学［M］.北京：中国书籍出版社，2018:316.

[4] 荀况.荀子［M］.北京：学苑出版社，2005:88.

不可活，无形则神无以生”[1]。《黄帝内经》提出“天人相应，形神统一”等中医基础理论，先哲们从直觉中洞悉了形（身）神（心）之间的某些关系，体现了“身心一元”思想。在中国的哲学思想体系中，对身心的认识也不是完全相同的。如道家的“无身”，儒家的“修身”，释家的“观身”。道家认为“有身忧者，勤劳念其饥寒，触情从欲，则遇祸患也。”[2]。

重视超越身体的“逍遥”；儒家的《孝经》说：“身体发肤，受之父母，不敢毁伤，孝之始也”[3]，主张爱护身体的修身；佛教“引导人们通过冥想（禅观）破除对世俗身体（色身）的执着。”[4]从而通过修行“立地成佛”。

尽管对身心的认识和侧重点不同，共同反映了身体的自然属性，具有身心“一元”的蕴涵，但是，究竟什么是身心，仍然是一个需要深入探索的问题。

4.1.2.3 身心认识探幽

身，现代人常常与“体”连用称“身体”。

在《说文解字》中记载：“身，躳也。象人之身”。篆文中，“身”是一个直立人侧身的形状，字同形，而且是“契文从人而隆其腹，象人有身之形，当是身之象形初字”，就是一个怀孕的人侧身站立的形象，见图4-1，《辞海》中“身”的解释有多种意思。首先指躯体，如人身、兽身、全身、半身。《楚

图4-1 “身”和“体”字象形

[1] 聂世茂.黄帝内经心理学概要［M］.北京：科学技术文献出版社，1986.

[2] 老聃.老子［M］.河上公注. 四部丛刊景宋本:5.

[3] 孔安国.古文孝经［M］.清知不足斋丛书本:1-2.

[4] 黄鸣奋.艺术身体观三大范式比较［J］.艺术百家，2012，5:127.

辞·国殇》云："首身离合心不惩。"身还指人的身份、品德等，如出身、修身、立身等。

体，繁体字为"體"形声字，骨表意，表示身体靠骨骼支撑；豊表声，豊是盛祭品的礼器，表示体是骨肉器官完备之躯。简体字从亻（人），从本，表示身体是人之本。本义是身躯、身体一部分，物体，形式，亲身经验，实行。如，《礼记·大学》："心广体胖"；亦指肢体，《论语·微子》："四体不勤"；较早出现的《淮南子·氾论训》中："圣人以身体之"；《荀子·修身》："好法而行，士也；笃志而体，君子也。"

身、体、身体、躯干、肉体、形、四肢百骸等概念不完全相同。例如，"体"偏重身体物质性结构，如"七窍四肢"等；而"形"则偏重于身躯的外观，有比较强烈的和"内"相对的外在的意味[1]。但是，其基本含义是物质层面的"身体"。也有把躯干称"身"，四肢叫"体"之说。

心，甲骨文的心字很像心脏，本义是肉体器官。孟子提出"心之官则思"，"不忍之心""恻隐之心""羞恶之心"。《管子·心术篇》云："心之在体，君之位也；九窍之有职，官之分也。心处其道，九窍循理；""夫心有欲者，物过而目不见，声至而耳不闻也。故曰'上离其道，下失其事'，心术者，无为而制窍者也"。[2]《淮南子·原道训》认为："夫心者，五藏之主也，所以制使四支，流行血气，驰骋于是非之境。而出入于百事之门户者也是故不得于心，而有经天下之气，是犹无耳而欲调钟鼓，无目而欲喜文章也，亦必不胜其任也。"

这里的心不只是一个物质器官，心是一个横贯人的生理、心理、行为、精神的核心概念[3]。

心、神、精神、思想、灵魂、意识等概念，虽然仍然有不同，但是都可以统摄为超物质形态的"心思"。

由此，身和心，其一，是一种静态的结构；其二，是一种动态的生命历程；其三，身与心是一种相互作用的不可分离的整体。

[1] 李亚奇."形""心"之间的内在张力：庄子身体观探微［J］.江汉学术，2019，38(1):124.

[2] 张岱年.中国古代哲学概念范畴要论［M］.北京：中华书局，2017:218.

[3] 张宗明.奇迹、问题与反思：中医方法论研究［M］.上海：上海中医药大学出版社，2004.9.

4.1.3 身心关系

4.1.3.1 身心二元困境

从古希腊柏拉图认为存在理念和感性两个世界，感性世界是人们通过身体的视听触觉等感官活动来认识世界，而理念世界是灵魂的理智能力，肉体和灵魂分别代表两个世界，理念高于感性，灵魂统摄身体，理性高于欲望。17世纪法国哲学家笛卡尔，从“怀疑一切”开始，发出“我思故我在”的感叹，论证了心的本质是能思维，但是没有广延，身的本质是有广延，没有思维，分属两个世界，确立身心二元论。笛卡尔切断思维与身体联系减少认识过程对身体的依赖，对抵制宗教神学，弘扬理性有积极的作用，但是，“如果把一切归结为精神，世界被观念化，人就成为一个超然的意识主体；如果把一切归结为物质，人就成为了机器。”[1]二元论出现“二律背反”，其实，理念的世界依然离不开身体的感官，此后尽管出现了交互作用论，身心平行论等，但是难解困境。

4.1.3.2 身心一体古论

身心一体论是中国古代身体观。在郭店竹简文本中的“㤖”（仁）从字体外形上点破了身心一体的思想主旨，“竹简不仅为我们推出了其天人观上的内生外成的‘天人合一’思想，推出了其伦理观上的‘诚于中，形于外’的‘至诚之道’，还使其亦心亦身、亦心理亦生理的‘情’之本体得以豁然揭晓”[2]。从词源学解释，“身，伸也”（刘熙），而“神者，伸也，以其伸也；鬼者，归也，以其归也”（《朱子语类》卷六十三中庸），也即“伸”字又同于“神”字，这不正是对身体的“形神一体”思想最直白的注释吗？[3]

身心与形神之间，殊名同意。从概念外延看，形是身的外延。《黄帝内经》言：“神者，正气也”“得神者昌，失神者亡”“小针之要，易陈而难入。粗守形，上守神。神乎神，客在门”等，认为“形”与“神”互为一体，“形体不弊，精神不散”“无神则形不可活”“神去离形谓之死”，体现了中医中“形神一体”的思想。

[1] 季晓峰.论梅洛·庞蒂的身体现象学对身心二元论的突破［J］.东南学术，2010，2:155.

[2] 张再林.身心一体：郭店竹简的“一贯之道”［J］.深圳大学学报，2012(3):11.

[3] 张再林.“我有一个身体”与“我是身体”［J］.哲学研究，2015(5).

4.1.3.1 身心一体新解

身心一体，表达的是共存，进一步分析，身与心的具体关系又是什么？是否有主次、先后或因果关系呢？荀子说“人何以知道？曰心。……心者形之君也，而神明之主也，出令而无所受令”[1]。这里“心”是“形”（身）的君，似乎说明了一种“君臣”的等级关系，言外之意是“君”的“心”让“臣”的“身”而动，又有了“先后”与“主动与被动”之别，这是我们对身心之关系的一个认知。但是，自20世纪80年代以来，认知科学又一次掀起一场认知革命——具身认知，“这一理论表明心智和认知是涉身的，是在大脑、身体和环境的交互作用中形成的，人的行为、心智、环境是一体的，认知与具身的结构和活动图式内在联结”[2]。这一理论与梅洛—庞蒂提出身体图式（body schema）作为格式塔心理学（Gestalt Psycology）意义上的一种“完形”（form），并不是身体感官在体验过程中的简单联合，而是触觉、运动觉和视觉等感觉的统一，与“是在感觉间的世界中对我的身体姿态的整体觉悟”[3]的思想不谋而合。由此，我们可以认为身心之间关系是一种双向互动耦合关系，而不是一种简单的依存关系。即身体相关的行为动作和感觉运动能力决定了个体的认知世界，身体是人们对事物认知与理解的载体。[4]

4.2 武术身心合论

4.2.1 武身所指

4.2.1.1 外在身体形态

苌氏武技第一层功夫是练形，曰“形者，象也，练之使头、手、足、腰、臂、腿、膊、肘、腕、四肢百骸、无不相随”；刘殿琛著的《形意拳术抉微》中的“桩法必要”中讲“头顶，项竖”，姜容樵在《形意母拳》中言“两肩极力下垂”，《形意摘要》中讲“一要塌腰”，《桩法必要》中讲“抱胯”；杨澄

[1] 张岱年.中国古代哲学概念范畴要论［M］.北京：中华书局，2017:219.

[2] 李恒威，盛晓明.认知的具身化［J］.科学学研究，2006(4): 184-190.

[3] 梅洛-庞蒂.知觉现象学［M］.姜志辉，译.北京: 商务印书馆，2001.

[4] 叶浩生.认知与身体: 理论心理学的视角［J］.心理学报，2013，45(4): 481-488.

甫在《太极拳术十要》中规定“虚领顶劲”“含胸者，胸略内涵，使气沉于丹田也”；八卦掌入门有“顶者，舌顶上鄂，头顶，手顶是也”“肩坠腰，腰坠胯，胯坠膝，膝坠脚”；通臂拳讲究“前空后丰，舒松肩臂。胸如空洞，背似锅”“头似鹤顶、肩似风轮、胸似空洞、背似蜗牛、臂似皮鞭、肘似转环、腕活似绵、手背似铁、腰似蛇形、胯似奔马、膝似寒鸡、脚似电钻、手似放箭、身似崩弓”[1]；南拳的身体姿势是“头颈要正直，脱肩团胛”等。

“活动四肢，贯勤肢体”是传统武术劲训练的基础，没有任何一个拳种不对手、眼、身、步等外形进行练习的。虽然各家拳法风格不同，形态各异，但是，在追求技击功能前提下，人体生理结构特点和机能决定了劲的功效，也就规定了对身体形态规格的要求。

4.2.1.2 四肢躯干部位

传统武术劲训练中的形是指身体各部位及具体动作。主要包括：肌肉、骨骼等组织器官及关节角度。

第一，身体各部位基本要求。

①头部：头部包括口、牙、舌、面、鼻、项、顶、耳、目等部位。

技术要求：头顶虚领，项部竖直。

②上肢：上肢主要有肩、膀（上臂）、肘、腕、手六个部位。

技术要求：肩松肘垂，腕坐掌撑。

③躯干：躯干包括胸、肋、背、腹、腰、臀等部位。

技术要求：胸含背拔，腰松臀敛。

④下肢：下肢有胯、裆、膝、足等部位。

技术要求：胯缩裆合，膝屈足抓。

第二，全身整体结构。

四肢、躯干组成的身型整体上要求中正自然，舒畅合度，尖节对应。

整体身型表现为左右对称、上下对拉、前后对撑，从头到脚体现出中正不偏，自然舒畅的良好体态。

在身体各部位空间关系上，要求三尖相对、三节相合，即鼻尖、手尖、脚尖相对，肩与胯、肘与膝、手与足相合。

[1] 辽宁省武术挖整组.通背拳[M].北京：人民体育出版社，1990:4–8.

4.2.1.3 练身作用含义

练身主旨就是练劲。结构产生功能，人体形态是产生劲的物质保证。身体结构是一个稳定系统，在力学上人体骨骼系统，为一个“拱形”结构，承受压力最大，肌肉对称用力，形成稳定系统，这一切都是为稳定身体，为增大传统武术劲服务的。例如，头部自然正直，虚领顶劲，使人体整个后背从头到颈到脊到尾椎的肌肉自然伸长，生理曲线减小，做到“身弓”延长，从而增加发力效果，是技击中不可少的要求。同时，也是健身功能最大化的技术保证，因为头部在意识的指挥下，颈部伸展，相应肌肉轻微收缩，从而减轻十多斤头颅对颈椎的重压，使身体有轻灵感，使大脑相应中枢得到良性刺激，促进脑血循环，有利于健脑，保持中枢神经系统稳定，加强神经系统功能。

对形的要求，是在传统文化的思想指导下形成的，包含以下部分：

①“自然”思想。综观全部对形的要求，无一不要求“自然而然”，不可用拙力努气之说。这正是“人法天，天法地，地法道，道法自然”的思想，这一思想要求人们“返璞归真”崇尚自然，要求“天人合一”。不是征服自然，而是与之相合，在拳中则表现的每一动作都要自然，不妄使拙力，达到“自然而为”。

②“中庸”思想。从头的不偏不倚到脊背对正，即使在身体仰俯中，也同样要求“尾闾中正”，求劲的中正。“中”作为一个哲学概念，《中庸》把“中”作为一种处世方法，“不偏之谓中”“中者，天下之正道”这些“中”的含义引申到拳术中，成为练劲的重要身型要求，从练拳的身型中又折射出一种“中”的哲思。

③“阴阳”思想。阴阳原本是哲学概念，《周易·系辞》上讲“一阴一阳谓之道”“阴阳互用，天道所藏”“阴不离阳，阳不离阴”，形的要求充满了阴阳思想，部位之间的要求体现着阴阳思想，即互相依存、互相制约、转变对立。有对背的拔，就有胸的含，有对上头的领，就有对下肩的沉，正因有了胯的开才有裆的圆，这一切都反映着一种传统的阴阳思想。

在众多拳论以及拳种实践的基础上，我们提炼出产生传统武术劲的三个核心要素，意、气、形。他们分别代表了神经系统、呼吸系统、运动系统三大系统，这将是产生传统武术劲最为直接的物质条件，其中，我们也惊奇地发现，传统武术劲的训练中包含了许多哲学思想，而且在一定程度上，超越了一般意义的肌体练习。

4.2.2 武心意为

4.2.2.1 由心达意为要

在中国众多传统武术拳种中，都把“意”作为重要的技术放在首位。查拳有“力随意发”“无意不行拳”；花拳讲“心动形随”；宗鹤拳常说“劲断气不断，意不断则劲不断”等。

特别是被称作内家拳的形意拳、八卦掌、太极拳更是把“意”放在无可替代的位置。形意拳直接称“意”拳，“只求神意足，不求形骸似”；八卦掌谓“意者心之所发，身体四梢是意之所指挥也”；太极拳的《十三总势说略》讲：“始而意动，继而劲动，转接要一线串成”“凡此皆是意，不在外面”；《十三势行功歌》讲：“命意源头在腰隙，变转虚实须留意”“势势存心揆用意，刻刻留意在腰间”，“意气君来骨肉臣”；《太极拳解》“心为令，气为旗”“先在心，后在身”“全身意在蓄神，不在气”；《五字诀》“一曰心静：彼无力我亦无力，我意仍在先。要刻刻留意，挨何处，心要用在向处”“此全是用意，不是用劲”；杨式太极拳大架创立者杨澄甫先生在《太极拳术十要》第六点中提出“用意不用力”“若不用力而用意，意之所至，气即至焉”。

由此可见，意是拳术中重要的技术要求，用“意”核心功能是为了产生各拳种需要的劲，因此，可以说“意”是训练劲的核心要素之一。

意具有意识、想法的含义，《现代汉语词典》（第7版）中解释，意识是“人的头脑对于客观物质世界的反映，是感觉、思维等各种心理过程的总和，其中的思维是人类特有的反映现实的高级形式。存在决定意识，意识又反作用于存在。”通俗的理解就是日常所说的想法、念头、想象力。传统武术练习有时称“意念”。

因此，传统武术劲的意是指人体的思维活动对机体运动的整体调控。包括对肌肉以及内脏功能等的调控。

从意的思维状态划分，意可分为静态的意识关注某一点，叫“意守”；动态的注意身体某一点到另一点，或者某一部位与其他部位的联系以及假想的运转，叫“意动”。

4.2.2.2 按劲用意分类

按“意”的内容分类。根据用意的内容和产生的作用，可以分为三类：

第一，身体意。就是指意识对身体的支配和控制。关注的是自身肌肉、关节、呼吸等组织和器官运动以及技术要求，主要是通过调整肌肉、关节、呼吸的运动，达到健身为主的作用，具体如下：

①松静意：以想身体关节、肌肉、思想放松为主要内容的意识活动。

②身正意：以想身体关节对应身体中正为主的意识活动。

③虚实意：以想身体重心位置和移动变化为主的意识活动。

④贯串意：以想各个关节顺序用力节节贯串为主的意识活动。

⑤开合意：以想胸腔起伏及四肢内收外展运动为主的意识活动。

⑥螺旋意：以想四肢及身体弧形旋转运动为主的意识活动。

⑦蓄放意：以想通过关节屈伸变化蓄劲发力为主的意识活动。

⑧呼吸意：以想肺部呼吸与肢体动作配合的意识活动。

第二，卦穴意。是中国武术根据传统哲学八卦、五行理论，医学腧穴、经络理论产生的意识活动。主要是从中医角度“调经络，畅气血”，达到健身心的作用，主要如下：

①经穴意：以想身体主要经络、腧穴，引导“气”行，带动身体运动。在形意拳、太极拳等拳种中，都有这方面具体要求。形意拳《拳经》曰：“武艺虽真窍不真，费尽心机枉劳神”[1]。在实际训练中，传统武术常常是把具体腧穴与劲力相对应，技术动作相当精细、缜密，和一般的肢体运动相比，不仅仅是关注到关节、肌肉，而是深入到腧穴层面。例如，形意拳的崩拳，练崩拳时，定步中大脚趾吃力，特别是拗势动作，后胯与后肘膝关节裹抱回环，更加促使大脚趾用力，刺激大脚趾外侧肝经起点大墩穴，由此，意识关注的是具体“大敦穴”（足大趾末节外侧，距趾甲角0.1寸处）。见图4-2。

图4-2 崩拳与大敦穴

②卦象意：以想卦象符号含义比类用力方法的意识活动，如用阴爻— —代表不用力，阳爻—，代表用力。八卦的卦象符号代表阴阳，在劲力中类比身体不同部位用力变化，产生劲力。太极拳八法用意，见表4-1、表4-2。形意拳用

[1] 李金波，武冬等.形意拳真传图谱［M］.北京：北京体育大学出版社，2003:10.

意，见表4-3。

表4-1 太极拳八法与八卦、五行、腧穴、经络、脏腑、关系及用意表

八法对应	掤	捋	挤	按	採	挒	肘	靠
八卦	坎	离	震	兑	乾	坤	艮	巽
方位	正北方	正南方	正东方	正西方	西北方	西南方	东北方	东南方
脏腑	肾	心	肝	肺	大肠	脾	胃	胆
腧穴	会阴	祖窍	夹脊	膻中	性宫，肺俞	神阙	肩井	玉枕
五行	水	火	木	金	金	土	土	木
经络	肾经	心经	肝经	肺经	大肠经	脾经	胃经	胆经
卦象	☵	☲	☳	☱	☰	☷	☶	☴
仿卦象用内意	意想在腰带处如扎板带充实，如☵卦象中阳爻所示腹腔膨胀，身体撑满出掤劲	意想腰间如车轴转动灵活，如☲卦象中阴爻所示虚灵，转腰出捋劲	意想脚蹬地劲力反传手臂，如☳卦象脚下实，手臂固定周身合力出挤劲	意想膻中穴松空，如☱卦象胸虚腰脚实，含胸劲力传于手下沉沉身出按劲	意想上肢、躯干、下肢同时下沉，如☰卦象三爻为实使劲，全身同动出採劲	意想肩肘腕和胯膝足六大关节松开，如☷卦象三阴爻所示分开，身体左右对向用力出挒劲	意想肩关节松开，如☶卦象所示躯干和下肢似乎不存在，周身劲力集中到上肢传递到肘尖出各种肘劲	意想脚底踩空失重，如☴卦所示脚下踩空为阴爻，利用全身重量集中肩部出靠劲
想腧穴用内意	用意引气使会阴穴下沉，手臂上举产生掤劲	用意想祖窍穴向里吸手，手臂自然回收产生捋劲	用意想夹脊后撑手前去，两手合力自然产生挤劲	用意想膻中穴引气向小腹下沉，手随之下落，产生按劲	用意想百会引气到肺俞再到涌泉，手指随之屈握产生採劲	用意想神阙穴为中心引气传于两手臂，对搓发力产生挒劲	用意想神阙穴气行至涌泉，再反传于肩井，达肘尖产生肘劲	用意想肩井与环跳穴一气相吸，全身由内向外发劲，肩背等产生靠劲

表4-2 太极拳五步与五行、腧穴、脏腑关系及用意表

五步对应	进	退	顾	盼	定
五行	水	火	金	木	土
腧穴	会阴	祖窍	膻中	夹脊	神阙
脏腑	肾	心	肺	肝	脾
用意	意想会阴穴，向下划弧，上步进身	意想祖窍穴回收吸气，身体后移退步	意想膻中穴引气，催动身体左转顾法	意想夹脊引气，催动身体向右闪身出盼法	意想神阙穴气下沉，身体稳定出定劲

注，本表是按后天八卦图面向北的五步。

表4-3 形意拳五拳与腧穴关系用意表

	劈拳	钻拳	崩拳	炮拳	横拳
五行	属金	属水	属木	属火	属土
五脏	属肺	肾	肝	心	脾
其形	似斧	似闪	似箭	似炮	似弹
五官	鼻	耳	目	舌	人中
窍穴	大椎	会阴	夹脊穴	中丹田	气海

经窍意、卦象意是传统武术劲力训练中较为特殊的意念活动，反映了一种比类取象的传统思维方式，在实际练习中不失为一种好方法，但是，由于个人的体会悟性不同，对此认识有所差异，加之缺少实证性的研究，目前依然是一个重要的研究领域，需要深入地科学研究，但不影响目前在劲力训练中采用这些方法。

第三，技击意。以保持警戒状态和格斗方法的意识活动。

武术具有攻防属性，武术劲力训练的主体功能是为“一击必杀”服务的，因此，劲力训练的意有自身特殊性，主要有：

①警戒意：使神经处于一种适度兴奋状态，可以敏锐察觉任何攻击的意识活动，即传统武术拳谚讲的“眼观六路，耳听八方”状态。

②用法意：以想每一个动作技击攻防方法为主的意识活动。

③搏斗意：以假想与对手搏斗（甚至是与飞禽猛兽、怒涛狂风搏斗）为主的意识活动。

传统武术劲训练的“意”具有相当的丰富性，事实上以上的身体意、卦穴意、技击意之间有必然的联系，身体意是基础，卦穴意是提高，技击意是实用，三者贯穿整体能增强意识对身体的控制力，能激发出最有效的传统武术劲。

4.2.2.3 用意原理方法

用意是一种心理活动，生理学讲：“全部心理活动是以感觉兴奋为始端，以一定的心理活动为中继，以肌肉运动为末端。”

传统武术劲训练的用意途径就是在第二信号系统及外界刺激下，引起感觉兴奋，继而在大脑皮层产生心理定向活动，最终指挥内脏运动和身体运动。用意的主要方法有：①心理暗示。自我通过“语言”暗示，如自我暗示“三平一竖”，即两肩平，两胯平，两膝平，脊柱竖直，利用“语言”暗示继而调整肌肉用力，做到身正、身体内外的统一运动。

②外界刺激。通过外界语言、助力、阻力的刺激，引起大脑皮层产生相应的心理活动，如利用外界语言刺激，提示练习者放松肩，让其产生放松肩的意识，继而通过肩部肌群及关节调整，产生外形变化。

用意的作用。传统武术劲训练重意、用意、练意，其实质是通过心理活动引起生理变化，其作用过程是神经调节，达到内外合一。在内，为神经系统、内分泌系统、循环系统、呼吸系统、心血管系统等机能变化；在外，则是肌肉、关节运动。最终通过用意使神经对肌肉的支配能力提高，从而提高武术的劲，使心、身俱练，内外合一，从而实现技击、健身、修身等功能。

4.2.3 武气贯通

4.2.3.1 内练一口“气”

传统武术劲训练有时把“气力”合称，在各家各派武术中无不重视“气”。《少林拳术秘诀》开宗明义第一章“气功阐微”讲“运使”“呼吸”[1]；南拳常以发声吐气助发力；长拳中有“提、托、聚、沉”的气法；孙禄堂在《八卦拳学》中提出“太极即一气，一气即太极，以体言，则为太极，以用言，则为

［1］尊我斋主人.少林拳术秘诀［M］.北京：中国书店，1990:1.

一气”，在形意拳中言“起落钻翻亦是一气流行之节”；传统太极拳有“气沉丹田”的要求；《研手法（二）》中讲“莫叫断续一气研”；《十三总势说略》言“犹须贯串一气”“气宜鼓荡”；《十三势行功歌》有“气遍身躯不稍滞”“腹内松净气腾然”；《十三势行功要领》要求“以心行气”“行气如九曲珠”“以气运身”“气为旗”；《太极拳解》有“气须敛”“尚气者无力，养气者纯刚”“气宜直养而无害”的说法；《解曰》说“气敛入骨”“气贴背”“全身意，在蓄神，不在气”“气如车轮，腰如车轴”；《走架打手行动要言》称“欲要神气敛入骨，先要两膊前节有力，两肩松开”“气向下沉”；《五字诀》三曰“气敛”，五曰“气由脊发”。

从众多拳论中不难看出气的多样性和重要性，但是气是一个极其复杂的概念。

气，在哲学、医学、拳术三个维度具有不同含义。

对气的理解最初来源于对云的观察，《说文解字》载“气，云气也”，从甲骨文的气（气）字中可以看到象形的含义，具有取象比类的思维特征，从飘云到风，气的含义扩大。风吹树动不见风的风是气，气具有了易动和无形的特性。人们把看不到原因而变化的现象当作气作用的结果，如四季变化。“气被抽象出来，成为无形而有能量的物质概念，并被广泛应用[1]”，在中医里用来说明人体各种功能，有所谓中气、营气、卫气、荣气、先天之气、后天之气、水谷之气等，传统武术深深受着传统哲学、医学“气”概念的影响，在武术中凡是说不清楚，甚至有些可以说清楚的也用“气”表达，气的概念内涵不清晰，外延混乱，使人经常难以明白此处“气”与彼处“气”的所指，即使天天挂在嘴边的一些术语如“气沉丹田”“气宜鼓荡”等，说者和听者一样懵懂，而且，甚至是相反的说法，有说太极拳“以气运身”，有说“在气则滞”，莫衷一是。本研究立足劲力训练，主要从身体机能方面探讨“气”。

4.2.3.2 气内容与种类

第一，生理上的呼吸。从现代生理学来看呼吸，气指人体与外界环境之间的气体交换。呼吸全过程包括外呼吸、气体运输、内呼吸三个环节。人体运动离不开生理呼吸，这是常识。因此，武术劲力训练中必须重视呼吸，主要注意事项如下。

[1] 周贵铀.中国传统哲学[M].北京：北京师范大学出版社，2000:22.

①自然呼吸法：就是在练劲过程中不刻意考虑呼吸问题，如同平时自然状态下的生理呼吸，主要是胸式呼吸。

②只重呼气法：在练劲过程中不考虑吸气过程，只重视呼气，特别是在动作发力时强调呼气。

③拳势呼吸法：采取拳势动作练习劲力时，按照一呼一吸的呼吸规律与动作完全配合。

④发声呼吸法：就是指在呼吸的同时，配合发声，不同的发力方法发声不同。如，传流杨式太极拳家杨澄甫教授放劲时有“哼、哈、咳”三种发声吐气方法，并言“哼音上打，哈音下打，咳音打远”。

⑤顺逆呼吸法：不同于胸式浅呼吸，主要采用腹式深度呼吸。有逆式、顺式两种方式。顺式呼吸的特征是呼气小腹内收，吸气小腹外凸，逆式正好与顺式相反。在劲力练习中，发力通常采用逆式呼吸。见图4-3。

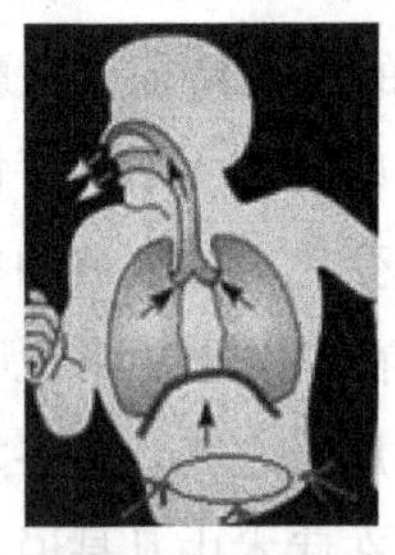
顺式呼气腹瘪

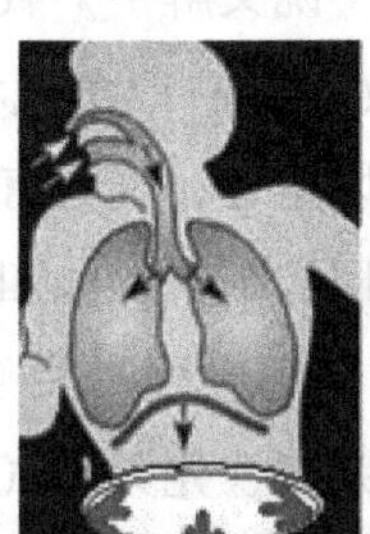
顺式吸气腹鼓

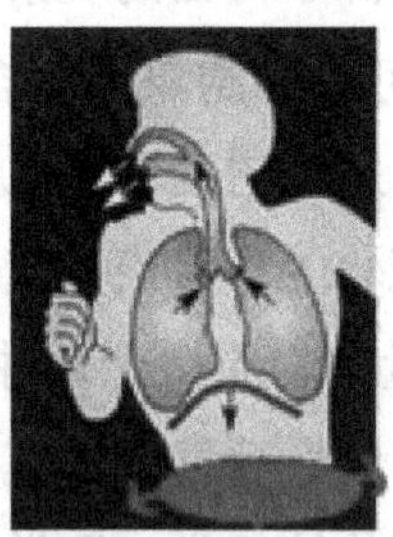
逆式呼气腹鼓

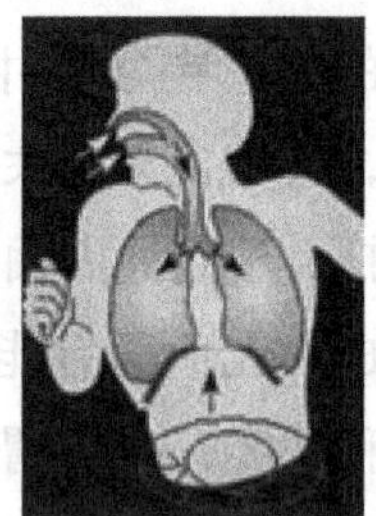
逆式呼气腹缩

图4-3 顺逆呼吸图

⑥开呼合吸法：有的称开吸合呼，其实二者并不矛盾，只是划分标准不同。如果以胸廓的扩张与否为标准，则是胸廓开为吸，合为呼气，胸廓开为吸气蓄劲，胸廓合为呼气为发劲；如果以四肢是否远离躯干为参照物，则是四肢远离为开，由外内收为合，这是一个问题的两个不同纬度 。

第二，“气”感“呼吸”——本体感觉。“气感”不是指气体直接达到某个部位，而是指在实际练习中，对身体某一部位的张力感、压力感、皮肤热感等身体感觉的一种笼统称呼，通常业内人说“得气”“气感”，也有人叫“内气”。事实上，今天从生理学角度来看，这种感觉多是一种本体感觉，“肌肉、肌腱和关节囊中分布有各种各样的本体感受器（肌梭与腱梭），他们分别感受肌肉被牵拉的程度，以及肌肉收缩和关节伸展程度这种本体感受的刺激所产生的躯体感觉，称为本体感觉。”[1]，这种感觉一般在肌肉活动时发生，往往被视、听和其他感觉遮蔽，不容易被感觉到，生理学称为“暗淡的感觉”，而在相对缓慢运动或站桩静止时就容易感到。而且，实际练劲中，还伴随皮肤温度变化等感受，如“气贴背”是指当吸气时，胸腔扩大，特别是前后胸腔直径变化，引起背部肌肉轻微撑伸，产生背紧且有热感的一种肌肉本体感觉，即所谓产生“气贴背”的“内气”感。见图4–4。

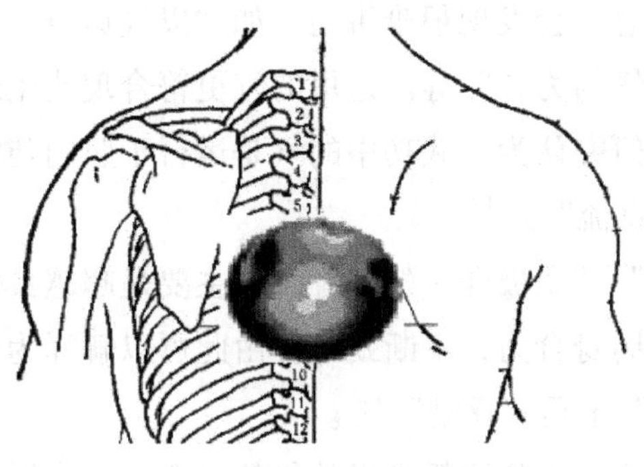

图4–4　气贴背示意图

再如所谓“气沉丹田”，不是气体通过膈肌到达了小腹内“丹田”。生理解释，实际是通过深呼吸，明显引起膈肌下降幅度较正常平和呼吸加大，从而刺激膈肌，引起小腹充实的本体感，产生“气沉丹田”的“内气”感，从而产生“腹内松净气腾然”的变化。见膈肌变化，图4–5。

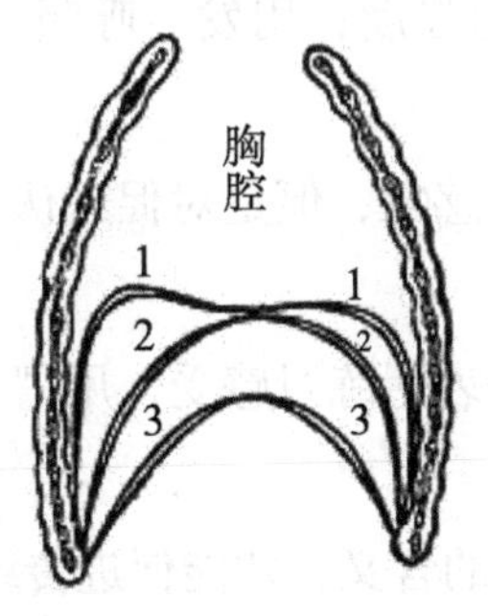

1. 呼气时 2. 平和呼气时 3.深呼吸时

图4–5　膈肌变化

[1] 王瑞元.运动生理学［M］.北京：人民体育出版社，2002:222.

传统武术劲训练中还有“气敛入骨”等多种说法值得科学探讨。例如，突出强调丹田的作用，认为气在体内一是由前往后，即丹田气往下达于海底，抄尾间而起，缘脊上行，经玉枕、天灵等穴，下过前额、人中、喉结、心窝、脐轮等处，而归于丹田，二是由后往前，即丹田气往上过脐轮、心窝、喉结、人中、缘脊下行，抄尾闾而过，达于气海，往上仍归于丹田原处。传统中，称此为丹田呼吸，也有人称“内呼吸”“胎息”。

第三，气是神经传导与综合功能的代名词。如果只是从呼吸角度理解传统武术劲的训练对气的概念，会发现很难讲通。如“以气运身”、内三合的“心与意合”“意与气合”“气与力合”等。这里的气更符合现代生理学讲的神经传递大脑指令的活动，即有研究认为“武功中的气是运行于肌肉与大脑之间的神经内部的反馈肌肉工作的信息流”。[1]

“总须完整一气”“太极即一气”等，气主要是超越具体呼吸之气的人体功能表述，通常表现为周身合力，不断劲等。由此可以解释为什么一些太极拳高手说太极拳劲用的“气”不是“呼吸”气。

传统武术中气的概念也如同哲学里的气的概念一样多样，但是，从传统武术劲训练角度来说，气主要是指意识控制呼吸。

4.2.3.3 气机理与作用

在传统武术劲训练中，采用深呼吸，能促进气体交换，使人体从外界不断吸入氧气，将新陈代谢产生的二氧化碳排出体外，从而摄取更多的氧气，满足人体机能需氧量和运动所需要的能量以及维持体温需要的热。

正确的呼吸方法增加劲的强度；用发声呼吸方法，声音威慑对手的同时增强力度。

“气感”虽然是一种本体感觉，但是对促进认识发劲要点，体认劲在身体中的传递也有很大作用。

有时很难用更准确的词语表达练习感受，用“气”来讲，也是一种形象化的方法。

只有正确、科学地理解气的含义，才能促进传统武术劲训练的科学化。

[1] 李贤康.武术学［M］.台湾：逸文武术文化，2005:43.

4.2.4 身心一体

4.2.4.1 身心意气一体

传统武术拳论中常常把劲与精、气、神、内劲默认为一体。传统武术对劲的认识具有哲学特点，常常把技术层面的劲赋予哲学的含义，同时借用传统医学的概念。因此，在论述劲时，经常把“虚无”“气”“神”“内劲”默认为一体。

流传传抄的太极拳老拳谱言：“如以全体之有劲，似不能持几斤，是精气之内壮也，虽然，若是功成后犹有妙出于硬力者，修身，体育之道有然也[1]”。

形意拳宗师郭云深（孙禄堂所著《拳意述真》中列入“述郭云深先生言”第六则，有人研究认为实际是孙先生所说）也有言：“拳中之内劲，是将人之散乱于外之神气，用拳中之规矩，手足身体动作，顺中用逆，缩回于丹田之内，与丹田之元气相交，自无而有，自微而著，自虚而实，皆是渐渐积蓄而成，此谓拳中之内劲也”[2]。

著名武学大师孙禄堂道：“所谓虚无一气者，乃天地之根，阴阳之宗，万物之祖，即金丹是也，亦即形意拳中之内劲也。世人不知形意拳中之内劲为何物，皆于一身有形有象处猜量，或以为心中努力，或以为腹内运气，如此等类不胜枚举，皆是抛砖弄瓦，以假混真，故练拳者如牛毛，成道者如麟角”[3]。

许占鳌所言：“所以形意拳之内劲，是人之元神、元气相合，不偏不倚，和而不流，无过不及，自无而有，自微而著，自小而大，由一气之动而发于周身，活活泼泼无物不有，无时不然”[4]。

和式太极拳传人和庆喜认为：“气、力、劲本是一体的，而在拳论中却有分论之别，即气是先天自然之气，力是后天人为之力。后天人为之用力，常非用先天自然之气。而太极拳在姿势变化运转中，则以气与力相配合，每势完成时要有气沉丹田之感觉。通过姿势转化，由丹田发出的为劲”[5]。

---

[1] 清.王宗岳等著，沈寿点校.太极拳谱[M].北京：人民体育出版社，1991:131-132.
[2] 孙禄堂著，孙剑云编.孙禄堂武学录[M].北京：人民体育出版社，2001:290.
[3] 孙禄堂著，孙剑云编.孙禄堂武学录[M].北京：人民体育出版社，2001:20.
[4] 孙禄堂著，孙剑云编.孙禄堂武学录[M].北京：人民体育出版社，2001:320.
[5] 和有禄.和式太极拳谱[M].北京：人民体育出版社，2003:231.

4.2.4.2 意导形气生劲

意主导形，气产生劲。传统武术讲“以意导体”就是用意识引导动作，产生劲。意识对形体的指挥，其实质是神经对肌肉的控制。因为人体各种各样的动作主要是由于骨骼肌收缩作用于骨骼的结果，而各组肌肉的精确配合都是在神经系统的控制下进行的复杂的反射活动。所以，首先用意控制形——动作。

1. 意的神经调节过程

一方面，意守部位的小血管活动、神经末梢功能、局部代谢等信息，通过内脏感觉传入通路，传到大脑的相应感觉区，在图像、词语或动作诱导下，大脑强化和扩大传入信息，通过正反馈机制发出指令，加强意守部位生理变化及内脏等功能，使之与外部的肌肉、骨骼运动协调，为产生劲力服务。

另一方面，意动是大脑对于躯干运动的控制。在意识引导下，肌肉群的松紧、用力以及关节角度位置的变化等信息，不断传入大脑皮层的运动中枢，经过分析，在意识目标引导下，经过信息加工，再由大脑下达指令达到意识关注的效应器，如小腿三角肌群。这样经过反复训练，使意的目标与效应器协同，就是意与形的统一。

2. 意识对呼吸的控制

意识对呼吸的控制是指控制呼吸肌放松和紧张程度、膈肌上下的幅度以及支气管的舒缩活动等信息，并将这些信息传递到各级呼吸中枢；大脑对这些信息加工分析，并与呼吸目标比较；经过信息加工、处理，使呼吸的形式、节奏、深浅与对形的控制，即肉用力程度、关节角度、用力部位相配合。见图4–6。

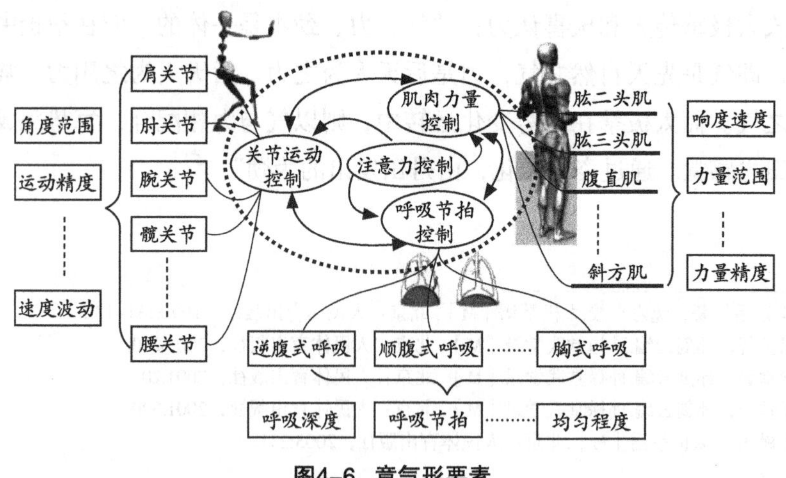

图4–6 意气形要素

训练初期意识对呼吸的控制，主要通过缓慢、深长、均匀的方式，传统武术叫“运气”，目的是使呼吸、节奏、频率与身体状态和动作相适应。一般情况要求动作较为缓慢。随着动作熟练掌握，意识加强，要求呼吸与动作配合，调整呼吸适应各种动作变化，呼吸频率、节奏适应动作需要，所谓“拳势呼吸”。在动作、呼吸、意识层面建立稳固联系时，则意识对呼吸控制自然而不必刻意，呼则意识贯注，吸则转为轻灵，可以急呼发力，也可深吸蓄劲。

4.2.4.3 形为基气为媒

形是劲产生的基础，形是指身体及动作。人的身体构成在外可见的是肢体、器官，在内组成是肌肉、骨骼等，在传统武术劲训练中整体表现为具体动作。

传统武术劲说到底是一种能力，在人体运动中，骨起杠杆作用，而肌肉收缩是运动的动力，因此，人体产生力离不开肌肉、骨骼物质硬件，形态结构是产生传统武术劲的基础，整体表达为动作。

人是有机整体，形——气——意不可分，共同作用产生传统武术所说的劲，见图4-7。

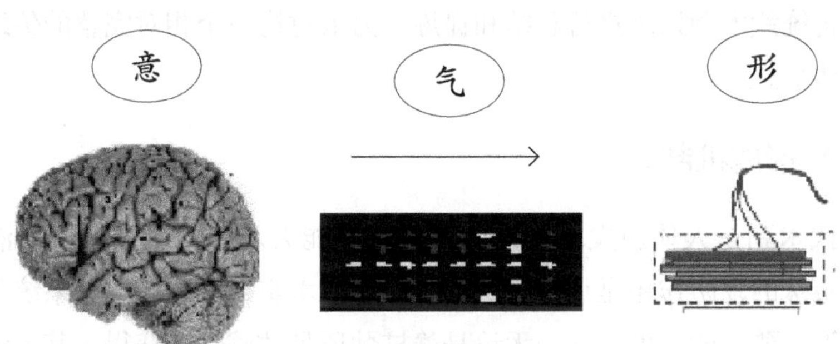

图4-7　意气形传递

图中我们从生理学角度，梳理了意、气、形之间一个传递过程，旨在更深入细致剖析意气形的结构，为下一步训练提高操作性强的可量化的训练方法提供理论依据。

气是劲产生的媒介，意气形整体不可分割。传统武术劲训练中对气有相当于神经与肌肉之间信息反馈的指代，如此而言，意识通过气（信息）使肌肉运动产生劲的过程中，气是中间和媒介。

此外，人类身体内与外界最直接的联系就是通过呼吸，所以传统武术非常重视呼吸，努力协调“内外”沟通。从人体机能视角看，呼吸是配合意识指挥肌肉产生运动的必需，无论是什么形式的呼吸，哪怕是“憋气”也离不开呼吸系统参与运动。例如，太极拳动作中，一起手是意识指挥下，通过呼吸，手臂举起，从练习动作感觉上，气息贯串动作全过程，有一种流注感，肢体产生运动的感觉，呼吸的“气”感起到连接意识与动作的作用。

因此，气是产生传统武术劲的媒介。

4.3 身心练劲理论

理论是人们由实践概括出来的对自然界和社会知识的系统结论。体系是若干有关事物或某些意识相互联系而成的一个整体。从明清拳种大量出现以来，以《拳经捷要》《苌氏武技》《拳意述真》等为代表，开启传统武术劲训练体系之雏形，各家拳法逐渐积累大量实践经验。但是尚未形成传统武术劲训练完整的理论体系，更没有从现代体育科学视角对传统武术劲训练理论体系进行深入研究。本研究对传统武术劲训练进行总结和提炼，力求建构一个相对完整的传统武术劲训练理论体系。

4.3.1 形成机制

传统武术劲是人体激发攻防潜能的整体功能力。如何激发出人体潜在的能力，产生特殊的攻防作用是训练核心。从传统武术实践和人体运动系统分析，主要是意气形三要素的高度统一，无论是静桩劲还是动桩劲的获得，其训练的核心是三者的协同，追求功能的最大化。

通过体认和研究传统武术劲的形成，揭示了对劲三要素的一种“形象”样式，即意识网络、气息管道、形体钢架构建起立体球的劲模型。

4.3.1.1 意识网络模型

传统武术在劲练习中有极其丰富的意识活动，其中，传统武术有“外三合”技术要求，即肩与胯合、肘与膝合、手与足合，这一经典技术要求不只是一般常识理解的关节的形态对应关系，更是意识与想象的连接，包括同侧和异侧的肩与肩、肩与胯、肩与足、肘与肘、肘与肩、肘与足、足与足、足与肩、足与胯等不同部位的连接，这种连接并非实体绳索的连接，而是通过意识的想象，产生的虚拟的意识线构成的一个整体的“意识网”，见图4–8。

于永年先生将这种意识训练称作“连接活动”。解释为：“连接活动是松紧动作的中级形式的意念活动，它是在局部的肌肉在学会了松紧活动的基础上，以一侧肢体的一个关节为中心，把两侧远端骨路所形成的三角区内的休息肌连接起来，同时产生一紧一松的收缩运动。也就是把两个节段，两个单位以上的休息肌组织起来，同时进行收缩的训练。训练方法：连接活动是由两点连接开始，如小腿与大腿的连接、逐步增加为三点连接，如小腿、大腿、臀部的连接、再逐步向上增加为四点连接……”[1]，见图4–9。

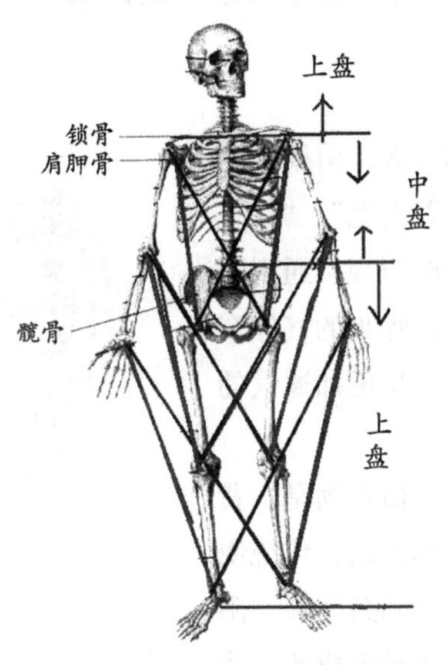

图4–8 意识网模型

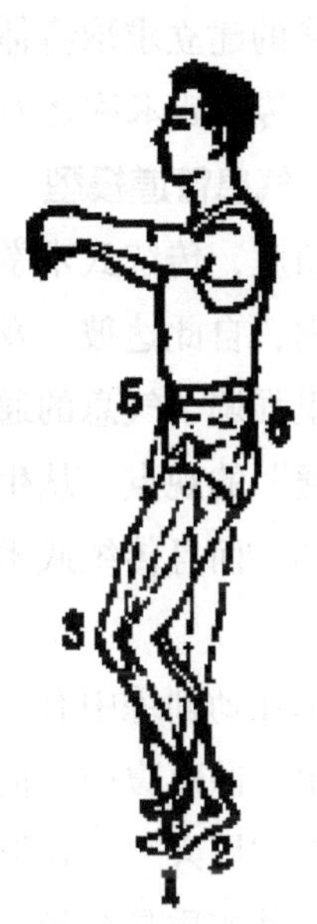

图4–9 意识连接

于永年先生从肌肉角度科学阐释了这种意识活动，非常具有创造性。他从传统中医腧穴视角，深入研究，阐述意识网的训练不仅局限在肌肉和关节的层面，还应深入到具体的穴位。意识在肌肉松紧运动中，会关注到每节的穴位，每节（三节）与部位对应表，见表4–4。

[1] 于永年.站桩养生法［M］.北京：地震出版社，1989:81–82.

表4-4　三节划分表

部位　三节	梢节/窍	中节/窍	根节/窍
头	头顶（百会穴）	鼻（人中）	下颏（承浆）
臂（上肢）	手（劳宫）	肘（曲池）	肩（肩井）
身（躯干）	头（祖窍）	胸（膻中）	腹（神阙）
腿（下肢）	足（涌泉）	膝（阳陵泉）	胯（环跳）

意识网络的建立求取身体各部位有序联系，以达到各部位协调统一，实现功能的最大化，传统武术称之为练整劲。

4.3.1.2 气息管道模型

从呼吸角度，传统武术拳论要求“引气者，引周身之气，自外达内，自此达彼，发于四肢，以着人也”“气宜鼓荡”，这里强调了气息的通畅，按照中医原理“通则不痛、痛者不通”的观点，从生理学角度看，呼吸的气体交互必须要通畅，而且传统武术通过“鼓荡”来增加通气的动力。

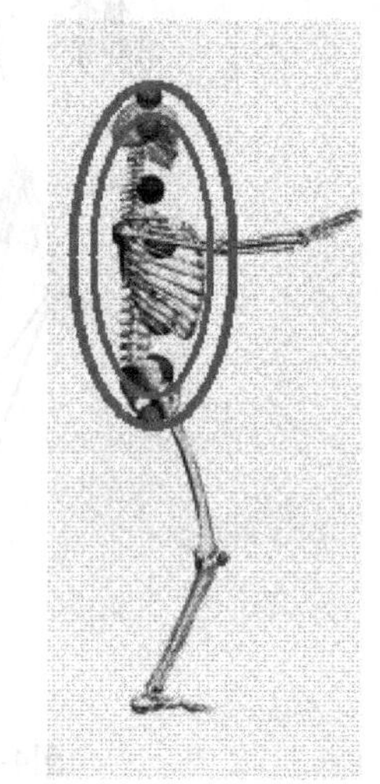

图4-10　管道模型

传统武术在劲训练中有一种本体感觉，似乎劲是由背后沿脊柱发出，回落腹前，恰似能量沿环形运动，传统说法将其称为走“周天”，在形意拳中称为“阴劲”和“阳劲”的循环，其实质是全身关节依次有序运动形成的本体感，像“气”的能量传递，核心是力量传递的通畅，由此而建立的一种似管道的运动模型，见图4-10。

4.3.1.3 形体钢架模型

在传统武术劲训练中，要求加大关节间隙，加强经筋连接，保持适度关节角度（通常为135度左右），拳势动作始终将人体的间架架构塑造成一个内含“三角”“拱形”的结构，保持形体骨架的钢架模型。本研究以1919年孙禄堂所著的《太极拳学》上刊登的拳照为标志，对构成孙式太极拳中的动作共56张拳照进行解析，所得身体关节角度见表4-5、表4-6。孙禄堂先生拳照结构解析见图4-11。

图4–11 形体钢架模型

表4–5 不同步型动作数据统计

步型	左膝角（°）	右膝角（°）	躯干倾斜角（°）
八字步	161.7	159.0	86.2
虚步	169.6	175.7	89.0
点步	（实）166.3	154.5	89.3
跟步	（实）147.0	124.3	86.2
后坐步	（实）151.1	145.9	88.1
弓步	（实）145.8	166.6	82.2
独立	（实）164.2	153.5（起脚）	89.3
横裆步	144.2	143.1	84.1
践步	154.6	138.9	62.9

注：“实”表示承体重的腿，“起脚”指的是起脚腿的角。

表4-6 不同动作类型形态学数据统计

动作类别	左肘角（°）		右肘角（°）		左膝角（°）		右膝角（°）		躯干倾角（°）	
	平均值	标准差	平均值	标准差	平均值	标准差	平均值	标准差	平均值	标准差
八字开立步	169.157	0.950	195.8	1.4	173.95	0.85	178.5	1.4	89.6	1.4
叉八字步	/	/	/	/	160.9	3.3	167.9	0	88.2	0.75
半八字步	160.8	/	154.7	/	150.2	/	130.6	/	85.7	/
左右翘脚	95.4	/	87.8	/	169.6	/	175.7	/	88.6	0.2
左点步	126.3	29.9	119.3	24.0	149.5	13.2	164.5	6.9	88.8	3.2
右点步	112.5	14.8	132.9	24.5	158.6	8.3	143.9	5.1	88.3	2.8
左开点步	/	/	/	/	169.2	4.0	169.0	3.0	89.3	1.0
右开点步	/	/	/	/	/	/	/	/	89.4	0.7
左侧点步	132.9	/	131.9	/	152.6	/	175.3	/	88.9	/
右侧点步	132.4	24.7	91.4	27.0	164.3	6.1	157.3	9.4	86.8	3.2
左跟步	149.6	4.6	163.9	13.8	135.1	18.8	132.4	13.7	79.6	15.1
右跟步	115.1	18	97.9	14.2	164.9	6.6	95.7	1.3	84.3	1.3
右进跟步	/	/	141.4	4.1	143.8	13.9	142.3	7.6	85.5	5.55
左后坐步	126.4	23.9	108.1	29.1	154.5	6.1	148.0	4.1	85.7	0.2
右后坐步	117.7	27.5	130.9	14.6	143.8	4.3	147.7	2.3	89.6	1.3
右弓步	/	/	/	/	166.6	5.1	145.8	1.3	82.2	3.7
左独立	166.9	1.5	156.1	0	166.1	0	154.9	0	87.7	2.6
右独立	154.2	10.3	144.5	34.3	152.2	0.0	161.7	3.1	89.2	0.6
左横裆步	159.3		161. 1	/	144.2	/	145.1	/	84.1	/
左腿屈膝	/	176.1	/	/	154.6	/	138.9	/	62.9	/

注：平均值中“/”表示由于照片拍摄角度原因数据测算存在误差，标准差中“/”表示数据样本一个或一个以下，故无标准差。

点步动作形态特征。如果按照体重分配的划分，点步实为虚步的一种，但是两脚之间距离较一般虚步小，有的两脚略开，有的两脚之间约一脚长；位置也有所不同，或在支撑脚侧面，或在前面。点步的支撑腿（简称实腿）膝角为166.3°左右，是较好的承重角度。躯干基本中正，约89.3°。

左点步（虚脚靠近实脚）8张拳照，右点步5张，充分反映了孙式太极拳“进步必跟，退步必撤”的步态特点。

左右开点步各3张拳照，两脚成平行略开位站立，一脚虚点地。这和两脚平行开立步做法不同，除了外形的区别外，还反映内涵虚实的转变，这是孙式太极拳步活的要求，应该特别注意，防止两脚踏实的所谓双重式的动作。

侧点步与开立点步近似，不同的是两脚距离更近，是动态的变化步型，如在云手中常被采用。

总之，点步动作的技术特点是承重腿膝角应在166.3°左右，另一腿膝角一般为154.5°左右，身体基本垂直（躯干倾角约为89.3°），两脚虚实明显分开。

跟步动作分析。跟步有时与点步对应，跟步分为左右跟步和跟进步，左右跟步为前脚实、后脚虚，跟进步类似后坐步，但两脚间距离略窄。对拳照动作进行分析可知，左跟步4幅，左膝角平均为135.1°，右膝角平均为132.4°，下肢关节角度处于较好发力姿势。

后坐步动作形态特征。后坐步类步型是孙式太极拳一个典型的标志性动作，共有7张拳照，后坐左腿类动作3张，后坐右腿类动作4张，表现出明显的形意拳三体势姿态，实腿的膝角为151.1°，虚腿为145.9°，躯干倾角87.7°。两个膝角使两腿保持了较好的弓形状态。开胯圆裆扩大了支撑面积，可以承受较大的力，圆拱效应有利于保持身体稳定，是理想的拳势。躯干基本上是垂直的，略前倾。

通过测量，我们发现孙式太极拳关节角度的一些特点，孙式太极拳标志性的步型有：八字步，开立步躯干基本垂直（89.6°），两腿伸直（左膝角179.0°，右膝角174.9°）；叉八字步躯干略向前倾（躯干倾斜角83.8°）两腿交叉弯曲（左右膝角165°）；点步实腿膝角166.3°；后坐步实腿膝角151.1°。

从拳照看，身体间架结构，有三角形、拱形特征，而且下肢保持在150度左右，具有最佳发力角度，整体是稳定发力、承接力的理想结构模型。

4.3.1.3 传统武术劲的球体模型

在意识网络、气息管道、形体架钢三要素模型共同作用下，形成劲力的身体是一个立体的整体结构——球型模型。

从力学角度看，球型结构最能承受压力，而且刚体球能一直保持平衡，最稳定。从武术拳种看，孙禄堂做了最精辟的总结，他认为：形意拳是钢球，太极拳是皮球，八卦掌是钢丝盘球。由此，传统武术劲最终是一种球型运作模型，具有弹性、整体、可变的特性。

4.3.2 训练原则

原则是指行事所依据的法则或标准，下面从构成劲三要素的本体、关系、状态三个方面探索传统武术劲训练的原则。

4.3.2.1 功能优化原则

这是通过对意、气、形三要素的各自要求，求取传统武术劲的功能最大化的标准。

第一，意真。在传统武术劲的三要素中，意识起主导作用，所谓意真，第一层含义，就是想法与气息、肌肉活动建立真实的联系，不是“空想”“妄想”。例如在小开立马步站桩练习中，用意识指挥小腿比目鱼肌松紧运动，如果你的意识并不能指挥比目鱼肌运动，说明意假，需要逐步训练。第二层含义，做意识的训练的“假想”训练，想象手臂在水中挥浪，在意拳训练中称“精神假借”，意真的寓意是假戏真做，确实想象感受“水”的阻力，这是劲力训练极其重要的技术要求。第三层含义，特指传统武术中要求的在个人空击格斗训练时，眼前没有敌手却做到“无人似有人”的状态，这其中的道理就是充分训练神经对肌肉的控制力，是产生超乎想象劲力的重要训练原则。

第二，气通。气通，基本要求是通过深、长、腹式呼吸尽可能地增加身体与外界的气体交换，为身体提供足够的氧气，促进机体代谢。在发力或者抗击打瞬间憋气，使胸腔横纵径扩大与肋间肌肉收缩，小腹充实，躯干的胸腔和腹腔形成一个充满“气”的“桶”状的弹性体，以承接更大的冲击力。以太极拳等柔和缓慢动作练柔劲时，气息要贯穿动作全过程，这是气足的另一种形式。

第三，形刚。形刚是在钢架基础上形成的功能——刚性体。第1，要求骨骼正向受力，加强骨骼应力作用，提高骨骼坚韧度。第2，关节对正，力沿骨系传递尽可能不发生损耗。第3，还要求整体骨系形成良好的受力结构。第4，要求身体以骨骼为支撑框架，以肌肉为动力，形成一个全身的可以“任意”对折、扭转、展缩自如不变形的像弹簧一样的既刚又柔的刚柔并济体。

第四，劲整。在意真、气通、形刚的整合作用下，传统武术劲的特性是整体功能态，表现为力度最大、弹性最好、变化最灵的特点，即可以在相对静止或动态时承受冲击、化解冲力。此为整体劲，并不是单一的一种劲力。

4.3.2.2 协同统一原则

这是通过对意、气、形三者相互关系的调配，以达到传统武术劲最大效能的法则。

第一，意与气、形的关系。有意无气是拙力。劲力练习需要身体消耗能量，如果不会合理呼吸，出现“憋气”“努气”等现象，势必影响能量供应，难以发挥整体机能，练出的不是劲力，而是鼓腹憋气的局部力，是拙力。

有意无形不长劲。在练习劲力中，如果只有各种意念活动，而身体运动负荷不足甚至没有有效量，空有想象，则机体没有改变，不可能增长劲力。

第二，形与气、意的关系。有形无气劲不全。只有身体的运动，而不注意气息的配合，即使身体用力部位、用力顺序正确，由于缺乏呼吸配合，练的劲也一定不是最大效能。因为正确呼吸可以引起身体的反射，增加肌力。

有形无意劲不纯。人体是有机整体，运动系统的核心是神经与肌肉、骨骼的完整配合。只有形体的机械运动，却缺少神经系统的激发与控制，就不可能动员更多肌肉有序运动。因此，不加意识的训练是“傻”练，难以开发人体最大潜能，难以练出炉火纯青的整劲。

第三，意气形协调。传统武术劲的三要素意（意念活动）、气（生理呼吸）、形（姿态角度）三者相互协调统一。意识引导、呼吸配合、形体运动、有序协同是求得整劲、真劲的不二法门。

本研究试图验证三要素协调一致的结果，由于不存在理论上定量化的“白鹤亮翅”的模板，我们采集一个水平较高（练习时间在10年以上）的太极拳运动员的动作作为标准模板，计算其他人的数据与它的差别。

通过采集太极拳运动员的三个特征数据，即动作正确性的特征、可重复性的特征、呼吸正确性的特征，通过对三个特征的数据处理，得到一个三维的特征向量C=［L D R］32×3，即为训练的样本。其中，L为动作正确性的特征值列向量，D为动作可重复性特征值列向量，R为呼吸正确性特征值列向量。

建立一个标准样本，通过比对，判断动作能否做到呼吸与动作正确。目前得到的明显结果是，技术水平较高的太极拳手动作过程呼吸曲线明显要平滑于一般人，见图4-12，左边图是技术好的太极拳手，右边图是一般人。

较好的太极拳手呼吸配合动作的特征是：呼吸自然通顺，波动小。以呼吸深、变化匀、吐纳细、持续时间长等特征贯穿于整个动作。较好地体现了太极中深匀细长的呼吸规律。

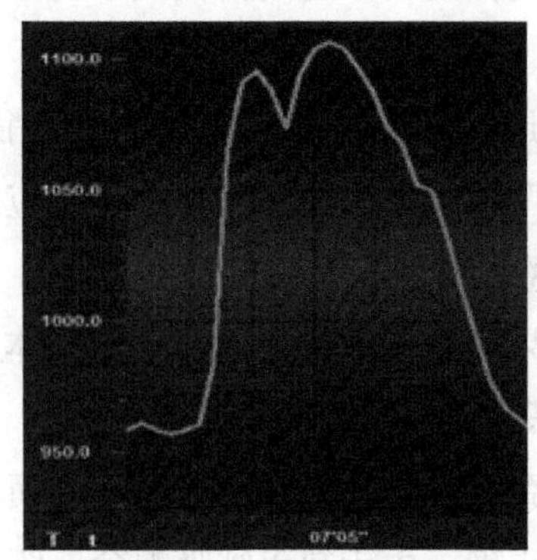

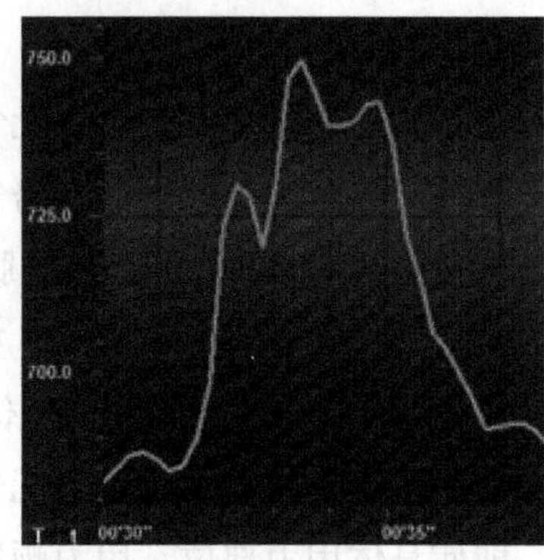

图4-12 呼吸曲线对比

为了检验太极拳“一动无有不动”特点，根据Kinect（体感摄影机）的采样点，计算出头部、左手、左肘、左膝、左脚和髋骨中心的速度曲线。实验者在做“白鹤亮翅”时，全身主要部位均有速度，说明动作是全身性的整体有序运动，见图4-13。

本实验通过对动作轨迹与呼吸规律的分析，揭示了呼吸的“深、匀、细、长”的特征以及动作与呼吸相配合的“开吸合呼”的基本规律。

4.3.2.3 稳态转化原则

这揭示了传统武术劲训练由静到动状态转化的原则。

第一，静是本体。静，既是一种物理意义上的运动状态，更是传统武术劲训练意识的一种心态。物理意义层面的静是指身体没有位移，保持不动状态，更高一层含义是身体的放松，即所谓松静。松静是传统武术劲形成的基础保证。意要静，首先是心理状态没有杂念。拳论讲“静即内明，通达内外，洞彻八极”，是一种内境与外境没有差别的状态，即心静如水，从而为体悟技术提供心理基础。静是在运动中保持静止状态时意识的清醒，不急不燥的状态。无论是行拳走架，

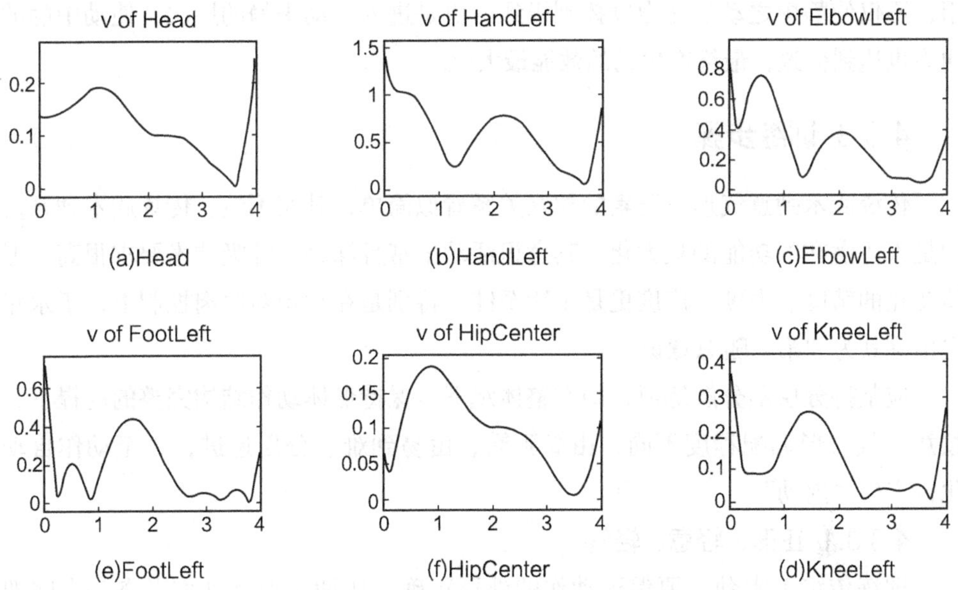

图4-13 全身运动轨迹拟合与速度曲线

还是与人交手搏杀，心神都静极。气静，是呼吸的有节奏，均匀不气喘，气息平和有助心理平静，所谓心平气静。静是产生劲、身心修为的基础。

第二，动是作用。动，是事物存在的状态，静是相对的，动是绝对的。意动，要求意识有序、有层次地引导身体运动、调节呼吸。特别注意的是意动与身动并不是时刻同向的。如，手欲上起，意却向下沉劲。身动是绝对的，即使身体没有位移，其实内脏也是运动的。传统武术劲的产生最终还是身体的效能，主要动力来源于肌肉收缩。气动，是必须，人体须臾不可离开呼吸运动，劲练习要求呼吸配合运动，多数情况下采用腹式深呼吸。

第三，动静合一。静极生动，动极复静，动静一体，动静合一是事物本质。动静结合，一方面是指身体运动时依然保持静止时的劲力状态，如运动中，保持身体中正、各部位有机联系。无论是缓动还是急动，也不管是单练还是对打，都是静状态的延展，即动犹静。另一方面，身体在静止时，意识调控身体，处于一种肌肉欲拉长的工作状态，可以在没有任何预兆前提下一触即发，虽然没有动的位移发生，却有动的意向和趋势存在，即静犹动。

动静结合不是动简单加静的功效，而是整体功效，超越了动静分离的局部作用，不仅使静中之动的能力发挥到极致，更是进入到动中静的层次，使动中静的功力也达到极致，最终产生劲的效能最大化。

4.3.3 训练步骤

传统武术劲意气形三要素的相互关系看似简单，其实不然。传统武术劲开发的是人体潜在的功能的最大化，其意识活动丰富且深刻，呼吸技术要求很高，形体变化的精度、力度、广度更是至臻至纯，特别是在意识对肌肉控制上，于永年先生称其为“第二随意意识”。

应坚持分层不分解练习，即在整体观下，保持形体动作结构完整的前提下，按意、气、形调配程度不同，由简到繁、由易到难、分层递进，直至动作自动化，产生“内劲”。

4.3.3.1 正形、轻意、轻气

训练传统武术劲，要保证动作的外形正确。所谓正形指动作形态基本间架结构符合人体力学原理，环节运动顺序合理，不求动作角度大，力度强；轻意是指只采用简单的意识活动，如只注意某一个关节角度；轻气，意思是不做特殊要求，以自然深长呼吸为主。

4.3.3.2 重形、加意、配气

随着动作外形的掌握，要加大做动作时运动关节的角度变化，动作运动顺序精确，运动力度增加，整体负荷渐增；意识要强化，引导动作，增加用意的丰富和深度。如传统武术劲训练中有“泥中行”“水中走”“水上漂”的意识层次；如呼吸要配合动作，开呼合吸，起吸落呼、蓄吸发呼等。

4.3.3.3 得意忘形忘气

当在意识调控，呼吸配合下，真正熟练掌握动作外形时，可以在无意识条件下完成动作，而这个阶段的无是有的结果。实际格斗中，“因敌成体”、随心所欲、有感而应，这正是老武术家所讲的“内劲”。

此外，根据练习对象的身体素质、反应能力、记忆程度、技术水平，教学训练的重点、目标、进程，教学训练的条件、环境、设备等实际情况，可以采用暂时的去意重形轻气、重意轻形轻气、重意重形轻气、重气轻形重意等不同方法，训练有法不定法，贵在得真。劲训练之真，就是意气形的高度统一的整体。

5 中国传统武术知行体用论

5.1 知行体用诠释

5.1.1 知行内涵

5.1.1.1 西哲知而不知

知的问题可以说是哲学中知识论的问题，实际上也是本体论和认识论的延续，认识、本体获得知识原本就是不可分割的，但是由于我们的认识能力所限，将其分开讨论是一种应然之为。追溯古希腊哲学，探索“本体论”是发端于“惊讶”对世界本源“在”的追问，可是对本体的追问本身，并没有认识到追问本身也需要证明，直到近代哲学第一人笛卡尔提出“我思故我在”，唯一能证明的只有“我思”，由此开创“认识论”，人们开始关注“知”。笛卡尔提出世界是由物质实体与心灵实体组成的“二元论”，一系列问题由此产生。如果说“心灵实体”是唯一可以证明的，那么，“物质实体”存在与否？笛卡尔的“怀疑”引发了休谟的“怀疑论”，洛克的“白板说”，贝克莱的“事物是观念的集合”，康德的“先验论”，黑格尔的“理念论”，亚里士多德的“形式逻辑”，莱布尼茨的“单子论”等，这些理论都在探索“知”是什么。高尔吉亚的著名三命题“第一无物存在，第二即使存在，也无可认知，第三即使有所认知，也无从言表”，预见了西方哲学从本体论到认识论再到语义转向的趋势，对“知”的认识起源于“无知”，至今仍在探索中。

5.1.1.2 中哲知而能知

孔子《论语》中高度赞扬“知者不惑”，他说：“知之为知之，不知为不知，是知也”（《为政》），“盖有不知而作之者，我无是也。多闻，择其善者而从之，多见而识之，知之次也”（《述而》），孔子说出了“知”与“识”关系，但是并没有定义什么是“知”。《墨子·经上》云“知，材也”“知，接也”“知，明也”，“知材”“知接”“知明”说出“知”具有知觉与知识的层次，墨家以“为”为知是认识离不开实践的体现。《庄子·庚桑楚》云“知者接也，知者谟也，知者之所不知，犹睨也”分别代表感性和理性认识。张载言“人谓己有知，由耳目有受也；人之有受，由内外之合也。知合内外于耳目之外，则其知也过人远矣”（《正蒙·大心》），说人的认识来源于外界刺激。朱熹“所谓致知在格物者”指能知的途径在“格物”；王守仁论知“知是心之本体，心自然会知”“形也，神也，物也，三相遇而知觉乃发”辨析了能知与所知。与知相对的行，即行为、活动，王守仁强调“知行合一”（《传习录》）。张岱年先生总结“能知者所能三：能感，能思，能行”。[1]

5.1.1.3 知与行的分合

人类的感知系统不外乎眼耳鼻舌身，人们认识世界离不开感知、感性、理性三个基本层次。可是，由于中西方不同的地貌人文环境，逐渐形成两种思维模式。以古希腊哲学为源头的西方哲学，出发点是“眼见为虚”不以“实践”作为检验“真理”的唯一标准，由此，产生对世界本源唯一终极“因”的追问，探求“存在之存在”，因而对“知”不断产生怀疑，不断试图解释，使知与行分离，最终出现了一系列“二律背反”问题，形成“二元论”观点。按照对世界本源探索，追问“存在”的古希腊哲学衡量，中国哲人似乎已经回答了“道”，因此，中国哲学并非是严格意义上的西方古希腊狭义哲学，所以称之为中国思想，似乎更加准确。在中国的思想史上，只有老子一闪念出现过对世界终极因之思考，“道为何物”，可称得上与古希腊狭义哲学等效，遗憾的是同样的“梦”，不同的“梦径”，笛卡尔因梦而提出“我思故我在”的追问；庄周梦蝶，因“梦”而成笑谈，戛然而止；随后以求“实用”为目的思维成为主流思想，一切认同“眼见为实”，尊崇“实践是检验真理的唯一标准”。知在行的层面上得以有效验证，因此，“知行合一”成为我们的重要哲学观。

这里没有简单的对错价值判断，只是发展方向不同，中国传统武术就是在“知行合一”中衍动的。

5.1.2 体用所指

5.1.2.1 独特体用观念

“体用”作为一个哲学范畴，应该说是中国哲学的独特概念，在西方哲学中很难找到完全对应的概念。在哲学层面“体”大致与“本体”相近，“用”就很难对应，因为在狭义的西方哲学中并不追求“实用”，相反他们甚至认为如果到了具体“实用”的层面就已经离哲学渐行渐远了。“体用”是唐宋以至明清时期中国哲学著作中常用的范畴，其渊源发端在先秦时代。

[1] 张岱年.张岱年全集：第1卷［M］.石家庄：河北人民出版社，1996:423.

荀况最早提出“体”与“用”这对哲学范畴。从历史演变来看，“体用”有可能是由“本用”“质用”观念演化而成。儒释道各家都说“体用”，实则意义各不相同。

5.1.2.2 质体功能含义

质指实在之体，因形质而变化为用。唐崔憬云：“凡天地之间，皆有形质，就形质之中，有体有用。体者，即形质也。用者，即形质上之妙用也。假令天地圆盖方轸为体为器，以万物资始资生为用为道。动物以形躯为体为器，以灵识为用为道。植物以枝干为器为体，以生性为道为用。”[1]

5.1.2.3 本末实幻寓意

事物原始为体，原始流衍为用。实幻是体用的另一种称谓，绝对存在的为实在，实在为本体，而一切现象，非实质的，虚幻表现为用。此外，对恒常的极致称体，众多变化谓用。

体与用具有三项基本含义：（1）实体与作用；（2）原则与应用；（3）本质与现象。

5.1.3 体知用行

5.1.3.1 体是知行基础

体的最基本含义就是指实物的具体存在即物质实体，就人的初级感性认识而言，人的“体”，眼睛是对400~70纳米可见光的可感，耳朵能感受到20~20000赫兹机械振动波的声音，气味的感觉依靠鼻子，味道是舌头的“体味”，视觉、色觉、触觉、味觉、听觉都是以人的身体为基础和前提，没有体，不可能有“知”。即使由高级的逻辑思维所获得的知，认识事物的原材料依然离不开以身体为基础的体，尽管感觉的规定性也限制了知的广度和深度，但是，不可否认的是先有体而有知行的存在。

5.1.3.2 知与行的关系

知行问题是中国哲学的重要命题，“知行合一”是王阳明“心学”的代表性论断。孟子讲良知，《大学》讲“致知”，王阳明提出“致良知”“本心之明即知，不欺本心之明即行”。贺麟先生解释：“知”是意识的活动，“行”是生理

[1] 刘鄂培，张岱年.张岱年文集：第3卷［M］.北京：清华大学出版社，1992:121.

的活动，所谓“知行合一”就是这两种活动同时产生或同时发动。任何意识的活动，如感觉、记忆、推理、思辨，都属于知的范围。任何生理的动作，如五官四肢的运动都属于行，就是神经系统的运动，脑髓的极细微的运动，或古希腊哲学家所谓火的原子的细微运动，均属于行的范围。理想的价值的知行合一观，以朱子为代表。直觉的价值的知行合一观，以王阳明为代表。[1]

5.1.3.3 体与用的关系

“体”指事物的形质、本体；“用”指事物的功用、属性。

体是基础，用是目的，以“体”强“用”，明“用”知“体”，合二为一。王弼提出：“万物虽贵以无为用，不能舍无以为体也。”。朱熹说：“心有体用。未发之前是心之体，已发之际乃心之用”。王船山说“气者，理之依也”“气外更无虚托孤立之理也。”“天下之用，皆其有者也。吾从其用而知其体之有，岂待疑哉!”孙中山提出物质是“体”，精神是“用”，他说：“譬如人之一身，五官百骸，皆为体，属于物，其能言语动作者，即为用，由人之精神为之……故全无物质，亦不能表现精神。”此所说的“体”，即指形体。

5.2 传统武术体用

5.2.1 体用体系

5.2.1.1 功套用完整体

从组成拳种运动的结构分析，较为成熟的拳种以功法、套路、用法构成三体合一的技术体系，从而实现拳种核心功能。

所谓成熟的拳种标志之一就是“自成体系”，在技术结构层面，以查拳为例，“以站桩开始、弹腿入门、套路求法、散打求真”[2]。查拳技术是贯穿了功法——套路——散打（用法）三位一体的体系，三者之间有清晰的界限，但是又是以练习“劲”贯串其中的整体。功法突出练习某一项专门素质和能力为主，如站“立体桩”主要是练习身型撑拔和稳定功力，这一身型也是练习套路的身型要求，如在练习十路弹腿中就要保持站桩身型。而十路弹腿是一个简短的连续重

[1] 贺麟.五十年来的中国哲学[M].沈阳：辽宁教育出版社，1989:139.
[2] 山东省体育运动委员会.查拳[M].北京：人民体育出版社，1993:1.

复拳势组成的程式化套路，传统称为“趟”练习，同时，也可以起到基本功练习的作用，如腿的屈伸弹击功力。套路本身又兼有功法的作用，弹腿对打时，单趟弹腿又是用法的直接体现和应用。由此，可以看出功法、套路、散打三者内在核心是求劲达用，三者运动形式不同，功用侧重不同，但围绕“用”成为一个整体，可谓“体用合一”。大凡成熟拳种，都具备这样的结构，见表5–1。

表5–1 代表拳种功法套路用法举要

拳种	功法	套路	用法
太极拳（陈式）	缠丝功	陈式新架、老架	推手、实战
形意拳（孙禄堂）	三体势	五行、12形、杂势捶	安身炮、实战
八卦掌（程式）	八桩	老八掌	64手、实战
八极拳	两仪桩、靠桩	小八极、大八极	六大开、八大招
番子拳	旗鼓势、百把功	站桩番、脆八翻	八翻手、八步紧缠身
戳脚拳	铁趾功、踢桩	九转连环鸳鸯脚	三盘九点腿法
少林拳	易筋经、36功	大小洪拳	少林短打
查拳	站桩、打桩	十路弹腿、十路查拳等	四路对打、鲁八杰对打

5.2.1.2 演为体、对为用

传统武术成熟的标志是拳种，拳种是在中国传统技艺思维模式下产生与发展，依据体用哲理概念构建的完整技术体系。

以拳种表现性质来划分，一种是套路为主的演练为体，也包括单个拳势的演练；另一种是以应用套路中拳势的对打为用。“用”又分为程式化的对练与无条件的实战，二者强度和难度不同。对练其实是2人的套路，有预设的拳势，实战则是无条件的真实应用。二者之间还有一种有一定条件限制的对打，动作是预设好的，限制固定动作，但是不限制攻击的速度和力度，传统武术称之为“拆手”“实操”。形意拳巨擘刘奇兰先生云：“形意拳术之道，体用莫分。自己练习者为体，行之于彼为用”[1]。在孙禄堂先生传授的形意拳中专门有“十二形

[1] 孙禄堂.孙禄堂武学录[M].北京：人民体育出版社，2001:300.

全体大用学”（安身炮）的对练形式，即把单趟演练的十二形变成2人的对练形式，做到“全体大用”，见图5-1、5-2。

图5-1　单演为体

图5-2　对打为用

传统武术拳种中常常把套路，单势或套路演练称为“体”，对练、对打、实战技击用法称为“用”。太极拳中则把套路或拳势称为“体”，把推手、太极散手称为“用”。八极拳有单打套路，又有对接套路，武当剑有单练有对剑。在中华人民共和国成立以后，张文广先生创编的《青年拳》沿用了单练与对打的“体用合一”模式。日本少林寺拳法联盟推广的少林拳也是把“对”作为重点，遗憾的是在相当长时期里中国武术只“演”不“对”，体用失衡，甚至“体操化、舞蹈化”，备受诟病。

5.2.1.3 静为体动为用

哲学范畴的体用有“原则与作用”的含义。因此有学者认为前人对武术之“体”的认识并不一致，有人认为是“练趟子为体”，有人认为“强身为体”，也有的人说是“意为体”或“静为体”，等等。毋须赘言，这样的表述均非出自对武术本体的哲学思考”[1]，其对“静为体”的认识值得商榷。《拳意述真》言“拳经云：静为本体，动为作用，与古之五禽、八段练法有体无用者不同矣”。静是一种保持身心不被外界干扰的状态，也是一种运动原则；动是在静基础上产生的效用，特别是在实战中，“静”确实是一种冷静分析与应对敌情必要的心态，也是取胜的重要原则。在日本剑道的格斗中，“不动心”其实就

[1] 孙禄堂.孙禄堂武学录[M].北京：人民体育出版社，2001:282.

是“静为体”最直观的显示，由静而动的用，一击必杀，成为日本剑道的“金科玉律”，不能不说这是“静体动用”的深意。《太极拳解》记录“身虽动，心贵静，气须敛，神宜舒。心为令，气为旗；神为主帅，身为驱使”[1]，这同样表达了“静体动用”的原则；《十三势歌》中言“若言体用何为准，意气君来骨肉臣”[2]，把“体用”的标准定位在“意气”之静与“骨肉”之动的统一上，实则是动静即体用的统一。

5.2.2 体用问题

5.2.2.1 幼体初成有变

传统武术以拳种为载体，追求体用兼备。如通备武艺，追求“理象会通，体用具备”。一些武术拳种著作通常以体用做书名，如《太极拳体用全书》《形意拳术体用全书》《八卦掌体用全书》等。非常遗憾的是，明清以后有大量拳种出现，在中国武术刚刚有了完整的功法、套路、用法技术体系，但尚未“成熟”之时，1840年以后在“坚船利炮”的重压下，受近代西方工业文明深刻侵染，传统的精致农耕文化被动或主动“转型”。一方面，许多拳种羽翼尚未丰满，如最为广泛流传的陈、杨、武、吴、孙各式太极拳，发展不平衡，也不完整。仅仅就套路而言，各式拳势动作不统一，拳势名称不明确，同一流派的拳术与器械套路风格还没有完全转化。另一方面，因急于向西方体育转型，一些原本较为成熟的拳种，反而弃“套路”直指功法与实战应用，吸收借鉴“西洋拳击”的特点。如由形意拳演变的意拳。每个历史时期都有自己的盲点和局限，我们不能简单地按对错评判，但是站在传统文化视角审视，自己的文化坐标却是一个不可回避的问题，中国武术以功法、套路、用法构成技术体系自有其中深意。

5.2.2.2 演体对用游离

体用合一是中国哲学的基本命题，根植于此的传统武术理应合哲，才能保持文化本质。在漫长的武术发展过程中，逐步形成了演练与对打之间的有机结合，出现了一些经典拳种的演练与对打的案例，但是其中的困难也不能忽视。首先，体用合一之难。技术层面单人演练与双人对打，无论是哪种强度，都是对体与用的更高要求。因为，在“用”的要求下，必须符合攻防的规律，如同

[1] 王宗岳.太极拳谱［M］.北京：人民体育出版社，1991:44.

[2] 王宗岳.太极拳谱［M］.北京：人民体育出版社，1991:34.

中国对联文化一样，合仄押韵讲求格律，而不是随意的涂鸦。演练的体与对打的用如果能够对应合一，就必须解决技术因素多，攻防格律难的问题。其次，在现代西洋操式体育挤压下，对武术特有的体用合一和追求“用”的主旨偏离，模仿与追随“体操”脚步忘却自己的“姓氏”，陷入西方“二元论”陷阱。再次，最关键的是我们近代农业文化受到来之西方工业文明的碾压，在物质层面的落伍，丧失了精神和文化自信，没有了自己的文化坐标，出现了套路向体操方向发展，对打实用向自由搏击靠拢的现象。今天试图挽回武术“体操化”“舞蹈化”，有些亡羊补牢的感叹。

5.2.2.3 静动趋向躁动

中国传统武术具有“静为体，动为用”的体用原则。“静”是为“动”，静得下来，才能动的最快 。在近代西方文化影响下，传统武术“静”不住，就连追求更低、更柔、更和谐的太极拳，也跃跃欲试从地上飞向空中（特指竞技太极拳跳跃动作）。静动变成躁动，其背后的驱动是追求“更快，更高，更强”的现代奥林匹克运动，我们无意做价值判断的对错，只是希望守住“静”再待“动”，留住“根”，再长高。

5.2.3 体用兼备

5.2.3.1 理根三生万物

中国武术的拳种为什么会有功法、套路、用法三位一体，值得深究。在明清之际，中国传统农耕文化经过千年绵延不断的一脉传承发展，极为精致成型，也只有在这样的文化背景下才会形成中国传统武术的拳种样态，而之所以会以功法、套路、用法三者有机结合构成技术体系，正是中国传统哲学“道生一，一生二，二生三，三生万物”[1]的真实写照。这里的“一”指天地未分的总体；“二”指天地，也代表阴、阳；“三”指阴、阳与冲气。这种思维模式表达了万物演化的序列，构成稳定的最基本要件。如同物理学中凳子稳定的基点是三条腿，三点可以构成一面，“三之后不谈了，因为尽是现象、结果、变化，此后的是非、对错因人而殊，随缘而异”[2]，传统武术家，如近代孙禄堂等人深谙此中道理，逐渐构成了由劲为一，身心为二，功套用为三的拳种技术体系，这是

[1] 张岱年.中国古代哲学概念范畴要论［M］.北京：中华书局，2017:29.

[2] 刘康毅.台湾汉留武学理法解析［M］.台湾：逸文出版社，2014:16.

"三生万物"传统思维模式造就的运动形式体系。

5.2.3.2 情系格斗文明

如果说人类的攻防格斗本能几乎没有差异，在追求"用"的目标下，西方有拳击，而中国诞生了武术。其中，最具有文化特色的是中国武术形成拳种。拳种的显著特点是以套路演练为体，对练与对打为用的一种"体用合一"模式，为什么？

首先，需要讨论套路的产生。中国武术"运动方式的最显著特色是武术的套路运动形式。套路的运动形式由多种文化形式汇集而成，既有儒家文章形式的特点，又有道家文化哲学的特色；既包含着兵家军事思想的要素，又藏着军事技术方法的应用。这其中无处不包含着中华民族深厚文化的结晶。套路的运动形式，既是一种运动形式，又是一种训练形式，是以多种不同技术招式组成的运动形式和训练方式，更是武术艺术高境界水平的体现形式。"[1]套路的产生确实是一个多因素促成的结果，但是，从人类攻防本能最终极原点分析，套路采用具有攻防作用的拳势假设成一种"无人似有人"的"格杀"，实则是格斗的文明化。由此，可以说最根本的套路产生的主要原始动因或许就是格斗的文明化。

其次，套路的假设攻防并不虚假，在特定条件下就可以产生真实的攻防效果。因此，在"整体思维""体用合一"观念下，与套路演练——体，配伍的就是对打或对练——用。"体用合一"是"有人似无人"的用与"无人似有人"的演练的有机结合。演练是体，这个体是以"用"为前提，因为"用"的是否有效而不断修正演练的"体"；"用"又是"体"的有效表现，因为有"体"的保证，"用"才有意义。体用互为基准，自恰互足，体现出中国人特有的文化样式，实现"体用兼备""打练结合"，为纯粹的格斗开辟一条升华人类文明格斗的途径，反映出在农业文明背景下的原始而有"后现代"意味的"超前"的人类格斗本能的"野蛮而文明"性。

5.2.3.3 情理交融体用

荀子在《荀子・天论》界中说，"形具而神生，好恶喜怒哀乐藏焉，夫是之谓天情""性之好恶喜怒哀乐谓之情"[2]。情的内容就是喜、怒、哀、乐、惧、爱、恶、欲等内心感受。理的概念起源于先秦，其本来意义是形式、模

[1] 清玄散人.拳经洞微［M］.郑州：河南人民出版社，2008，10:5.

[2] 张岱年.中国古代哲学概念范畴要论［M］.北京：中华书局，2017:227.

式，引申为行为准则与自然规律之义[1]。由人类“攻防本能”按照“三生万物”法则，呈现出来的功法、套路、应用三种运动形式，即三位一体的“体用”系统，其中包含了“七情”“未发”的中态，即将武术各种技击技法隐藏，熔铸在三种运动形式之中，体现在“体用”之间，即追求“无过无不及”的使用技击方法。这是一种极其丰富的“矛盾”状态，在练体为主的“功法”筑基，“套路”表征中寓含用的“喜怒哀乐”之情而不表现出来，即在套路中隐藏了各种技击方法招式，并没有显性表现；在以用的“用法”中，既表达了“体”的含义，又表达了“喜怒哀乐”之情，即各种格斗的情形，但是又不“过分”，即不完全以一种血腥的格斗呈现。站桩功法中，如王芗斋先生的独立守神桩，见图5-3。在静止的状态下，有“试之如蜜之感”的喜悦和“神不外溢”“似笑非笑”的功效。套路练习中象形取义“猛如虎”威而不暴，“静如处子”而不弱，于情于理中把“格杀”文明化。用法追求“随曲就伸，舍己从人”，在打与不打中，无所谓“喜怒哀乐”，“不是我打你，而是你自己打自己”，这其实已经是“情理”“体用”的水乳交融状态。

图5-3 王芗斋独立守神桩

[1] 张岱年.中国古代哲学概念范畴要论[M].北京：中华书局，2017:53.

5.3 传统武术知行

5.3.1 练身体知

5.3.1.1 百把体练感知

传统武术的“知”是“体之于身”的身体之知，即“体知”。“体知”实为中国传统的一种认知方式，其有别于西方传统的借助意识、借助思维的“识知”或“思知”，乃为中国古人特有的一认识世界和把握世界的重要方式[1]。体知，即是身体的感知、感觉，但是，又是超越常识的身体感觉，进入到一种把握事物现象与本质的“本质直觉”，属于“彻底经验主义”的认知观。

传统武术功法属于练体的主要形式之一，各大拳种的功法部分都是强调“百把功”，“把”是一种传统说法，是指完成一次动作的单位，如打一拳或劈一掌为一把。在番子拳中就讲究练习“百把功”，这是一种每次练习重复不少于100次的练习方式，如铁砂掌拍打，见图5-4。有时也是指每次重复不少于100次的“一步三拳”的练习，见图5-5。

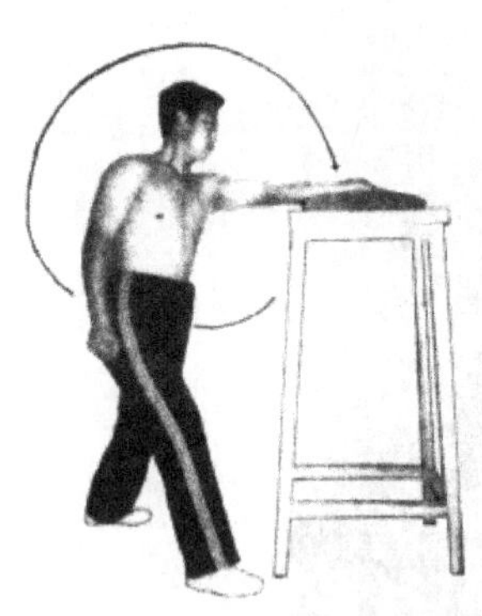

图5-4 铁砂掌之百把功

图 5-5 “一步三拳”百把练习

相对而言，较为古老的拳种都非常重视“百把功”，至今保留较为古朴的“七式拳”基本功练习就特别强调“百把”重复，主要练习崩、撕、扫、抓、

[1] 张再林.作为身体哲学的中国古代哲学[M].北京：中国书籍出版社，2018:200.

提、拨等极为简单的动作，如崩势，见图5-6。练习时，马步站立，两大臂夹紧胸肋，以肘为屈伸点，两手交替一上一下劈砍，一分钟45次，每次至少练习200次，甚至达到500次以上。练习时，要求两肘贴肋，胸不含，背拉住，起如挑担，落似分砖，肘关节韧带肌腱一松一紧，一拉一伸练习，百次以后感觉到周身酸痛，像有绳子捆绑住又不能挣脱，达到“崩劲惊天下，弹腿震九洲”“出手似箭”的效果。

图5-6 崩

百次重复的体练，最为明显的感受就是身体练习部位有酸、痛、麻、热、胀等体感，这种感觉更多的是经验层面的真实感受，是武术“知”的基础。

5.3.1.2 千次体练认知

俗话说“拳练百遍，身法自然；拳练千遍，其理自见”[1]。拳可以泛指基本功、套路、应用格斗。“拳练百遍”的拳，这里主要是指“套路”或者“拳势”的练习，身法指以躯干为主宰的上中下肢体三盘以及手眼协调运动，百次的重复以身体为基础，克服僵力、紧张、不协调，获得对身体控制力的提高，动作技能表现为由“泛化”向“精化”过渡。当达到“千遍”积累，身体表象感觉的“酸、痛”等将会超越常识，通过身体认识到“本质”“规律”。同样是一个简单的基本功“崩”的练习，在“千次”积累，克服酸痛后，体知的是“中节不通浑身空”的“三节运动规律”，中节是手臂三节（肩、肘、手）运动的核心部位，没有中节贯通根节与梢节，就不可能有通畅的劲力，也不会在“本体”层面上把握运动的通透境界。同样是百把的拍打，在千次积累后，

[1] 彭卫国.中华武术谚语[M].北京：电子工业出版社，1988:73.

克服了皮肤的“痛”，得到的是无所畏惧的“硬”，体认的是“功到自然成”的真知。同样的“一步三拳”积累到千次，失去的是“僵硬”，赢得的是“拳打不知”的自然，认知的是“功夫不负人”的道理。正如老子所言：“为学日益，为道日损。损之又损，以至无为”[1]，损的是身体的“酸痛”，得的是“无为之道”，当然这恐怕不一定千次积累就可以达到，只能期待万遍后的感悟。

5.3.1.3 万遍体练悟知

现代训练学有关研究表明，一个动作技能的熟练掌握程度达到随心所欲的“自动化”，大约需在正确动作练习基础上重复一万次，这从实证角度印证了民国时期嵩山少林寺方丈妙兴大师的“久练自化，熟极自神”的感悟。清初内家拳家黄百家云“在乎练，练既熟，不必顾盼拟合，信手而应，纵横前后，悉逢肯綮”[2]。传统武术非常重视苦练，拳谚语称“一日练一日功，一日不练十日空”，百练、千练、万练是由体感、体认到体悟的过程，也许不是千百次练悟，而是突然“当头棒喝”“顿悟”，但是，无论如何也离不开“体”的“悟”，体悟而知是超越了身体自然本体感觉，以及上升到原理规则的认识，是举一反三、触类旁通、甚至“天人合一”的感悟。功法的千万次重复，同样还是一个“崩”的练习，当积累到“万”次真的“通”时，已经不仅仅是感觉到了“肘关节”的运动，你会真实体会到因为“肘动”，牵拉到看似与肘毫无关系的“背动”，理解到“牵一发而全身动”的整体之动，体味到何止是上肢手臂中节的“肘”如此，下肢的“膝关节”何尝不是如此，全身的躯干离不开“中节不通浑身空”这一运动法则。而且，做“崩”的动作时更是离不开人体借助“地面”的支撑与反作用力，这难道不是一种“天人合一”的境界吗？套路作为“体”的表征，当达到“万次”积累，同样是“一步三拳”却能体认到“一步何止三拳，又何尝不是一拳，几拳已经不重要，重要的能在虚无对手情况下打出与对手站在面前一样的拳，反之亦然”，更为重要的是“对手”与“我”不分彼此，“对手打我就是打他自己”，进入“舍己从人，从人由己”的“自由”境界。

[1] 张再林.作为身体哲学的中国古代哲学 [M] .北京：中国书籍出版社，2018:208.

[2] 彭卫国.中华武术谚语 [M] .北京：电子工业出版社，1988:49-50.

5.3.2 体知践行

5.3.2.1 身体感知力行

传统武术的“行”，指与“体知”对应的实践活动，毫无疑问也可以称为“体行”，与“知”同样具有不同的层次。在中国传统哲学中，“知”离不开“行”，“行”也离不开“知”[1]。区别于哲学意义上的自然、道德、价值上的“知行”，传统武术的“行”突出的特点是“身体力行”的实践活动。

传统武术在练习初期，老拳师一般都要求“傻练功”，并不给初学者讲很多“拳理知识”，甚至还要通过简单枯燥的身体练习考验学生的毅力和人品。形意拳老前辈李金波回忆说：“我13岁跟着张长发老师学艺27年，开头那些年每天就是练习五行拳，十二形拳，老师并不讲拳”；查拳名家沈锦康老师说：“起初在李尊功开的拳场子练功，主要是看着老师，跟着模仿，老师很少开口讲话”。“拳不离手”的练习是传统武术最为重要的“身体力行”，历来传统武术强调“光说不练是假把式”。所以，只有练习才是获得体知的保证。

5.3.2.2 身体认知心行

传统武术的实践练习，如果只是停留在身体的练习层面，充其量是身体的感觉，而缺少了从感性认识上升到理性思考，即传统太极拳论所说“起初举动未能由己，要息心体认”[2]，“体认”就是一种用“心”的过程，也就是“心知”的实践，通过身体力行上升到身心并行，达到“理通拳法精”，由行而知，由知而行，“知行”不分，而且体知与体行不分。体行本身就包括了“身与心”，在身体认知层面的体行其实就是“心”行的实践，正如贺麟先生界定的，“知”是意识的活动，“行”是生理的活动，在生理层面都是不可分割的实践活动，这一点凸显了传统武术在实践中重视“心法”。

5.3.2.3 身体悟知躬行

躬的本意指身体、自身，完整的身体就是身心的统一。传统武术的“行”最终追求的就是身心统一的实践。这是一种身体实践的智慧，而不是停留在知识层面的智慧，《十三势说略》：“每一动，惟手先著力，随即松开。犹须贯

[1] 宋志明.中国传统知行观综论［J］.江南大学学报（人文社会科学版），2015，14(4):5.

[2] 王宗岳.太极拳谱［M］.北京：人民体育出版社，1991:65.

串一气，不外起、承、转、合。始而意动，既而劲动，转接要一线串成。凡此皆是意，不是外面。有上即有下，有前即有后，有左即有右。如意要上，即寓下意。”[1]太极拳的每一个动作都要求意与形、心与身，内与外，知与行的统一。形意拳要求心与意合，意与气合，气与力合；以形取意，有意象形，意自形生，形随意转；以形为体，以意为用，因形取意，注意全身。八卦掌把意喻为行军作战的令旗和号令灯，要求以意帅气，以意帅形。少林拳心意提出“心者，君也；手足者，臣民也。君有乾纲独断之明，而后臣民效指挥如意之势”，要求“意之所动，气即赴之”。传统武术以身体为载体，在实践中把“体知”与“体行”有机结合，开出一条“以武证道”的把握世界的新途径，打开了一扇世界新图景。

5.3.3 知行关系

5.3.3.1 拳解知行先后

古今中外对“知行关系”的讨论极其丰富，多种观点并存。朱熹坚持知先行后，提出“博学之、审问之、慎思之、明辨之”，而后“笃行之”的步骤。王阳明提出知行合一说，是想补救朱熹“知与行”相脱离的偏向和弊病，主张“即知即行”“知是行之始，行是知之成”。王阳明之后的王船山认为“下学而上达”“行有余力，则以学文”“不可离行以为知”“以知为行，而不以行为行”“销行以归于知”，实无异于“重知以废行”“知可诡而行不可诡”“行可兼知，而知不可兼行”等。我国当代著名的哲学家贺麟，界定“知”指一切意识的活动，“行”指一切生理的活动，提出了“知行不分先后”“知行永远在一起”“知行平行”等观点。[2]

从自然、道德、价值、逻辑等不同维度，不同人理解的“知行”各有不同，似乎都有各自成立的道理，一时让人难以完全理解和做到“知行”。因为这些“知行”观离“身体”的实践和体验还是有一定距离的，所以从传统武术作为一个切入点理解“知行”，以自己“身心”的躬身练习武术的功法、套路、用法，本身的“体知”就是“体行”，是最为真切的“知行”一体。如在练体层面，练习“冲拳”，初学从身知“酸痛、不协调”和“本能冲拳、低效冲拳”身体力行

[1] 王宗岳.太极拳谱[M].北京：人民体育出版社，1991:50.
[2] 熊吕茂，何可可.贺麟的新“知行合一”观[J].湖南城市学院学报，2008，29(4):38.

就是一个“知行一体”，但是，知的很表象，行的较本能。如果通过不断练习，“拳打千遍”达到“自然”时，则知在“去本体酸痛”中悟得冲拳“三节运动”理则，行的是“本能冲拳由僵直到随心所欲”“拳打人不知”的境界。在应用层面，冲拳的实际攻防效果，既是对知行一体的应用又是检验，由此，将反复在体用之间，体悟知行之间互动与跃迁，即“知行一体，知行同行”。

5.3.3.2 拳释知行难易

知行之间难易关系，“依胡适先生的说法推论出来，则（一）知易行难，（二）知难行易，（三）知难行亦不易，（四）知易行亦不难等四种说法，很难说谁是谁非”。[1]

孙中山先生1918年所发表的关于知行的学说，提出“知难行易”说，从饮食、用钱、作文、建屋、造船、筑城、开河、电学、化学、进化十个事例论证说知难，目的在于勉励人作高深专门的科学研究；说行易，目的在于唤醒人民，鼓舞群众去参加革命促进民主。[2]

冯友兰先生划分道德方面的知行和技术科学上面的知行的界限，认为知难行易说可完全正确地适用于解释技术的知行关系；而知易行难说却仍可适用于解释道德方面的知行关系。同样是冲拳，在初学时，只是完成一个由屈到伸的冲拳的动作，知行都易；若要求冲拳打出“风声”，则知与行互为条件。按照王阳明“知而不行只是未知”理论，其实不存在知与行之间的不同层级。如，你知道打拳打出关节弹响的知识和原理，可是打不出“带风声”的拳，这从身体为载体的层面上来说，你不具备“体知”，因此，你头脑中的“知识”不是“体行”的真知。反之，如果你已经能够打出虎虎生风的拳，那么，你的身体必然是能够感知到“知”。当然这种感知的程度会有不同，也许只是停留在本体的感觉，或许认识到了原理，甚至能够上升到“道”的理解，但是“知”是必然存在并与“行”保持对等的。此时与行的冲拳又会同步在不同层次上跃迁。所以，在传统武术的实践中，体悟知与行，理解难和易，才能够真切地用身体验，用心感觉，成为知行合一的践行者。

5.3.3.3 拳证知行合一

实践是知行的核心所在。传统武术坚持了最为素朴的实践，即“拳不离手”

[1] 贺麟.五十年来的中国哲学［M］.沈阳：辽宁教育出版社，1989:215.

[2] 贺麟.五十年来的中国哲学［M］.沈阳：辽宁教育出版社，1989:165.

的练习日常化，生活“由技入道”哲理化，追求一种由身体感知进入生命情感的感悟。为此，以与生俱来的身体为基，听从内心的声音，通过练习功法、套路、用法形式，掌握攻防技能之体，通过应用检验体之存在的标准，在体用之间，感知身心变化，体认自然之道，践行生命意义，追求小我融入天地之间的“知行合一”“我心光明”之人生境界。

6 中国传统武术悟道价值论

6.1 中外价值旨归

6.1.1 价值观点

6.1.1.1 西哲价值观点

西方哲学中的价值论，主要有“价值主观论”和“客体论”。主观论认为，价值归根到底是某种精神的存在和产物，价值只发生和存在于人的主观意念之中，如洛采和文德尔班主张“价值即目的”[1]。客体论强调“许多不同事物本身就是善的或者恶的”[2]，客体论又分“实体说”（认为价值是某种独立的实体或要素）和“属性说”（强调价值是事物本身的某种固有属性）两种。20 世纪后期产生“情境说”，认为“价值是一个关系的概念，就像婚姻”[3]。

6.1.1.2 中哲价值学说

儒家学说类似“属性说”，道家学说类似“关系说”。孔子的“天地之性人为贵”（《孝经·圣治章·第九》），把“贵贱”归结为“天地之性”，把“善恶”说成人（存在者）的固有属性，将事物的价值与事物的存在直接联系在一起。而道家却认为，“天道无亲”（《道德经·七十九》），“万物一齐，孰短孰长？”“以道观之，物无贵贱；以物观之，自贵而相贱；以俗观之，贵贱不在己”（《庄子外篇·秋水》）。庄子认为长短贵贱并非指万物的天然本性之质，而是人以自己的特定尺度，对于某种相互关系和相互作用的辨识、判断与选择。

6.1.1.3 中外价值异同

看上去儒道两家的观点与西方有相似之处：儒家偏向于价值客体论和绝对主义，道家偏向于价值主观论和相对主义。当然，这还仅仅是一种自发的、朴素的直觉，并未被自觉地理解和把握。但无可置疑的是，它们为当代中国的价值学说提供了必要的文化资源[4]。

其实，从价值论的角度看，同西方传统哲学相比，中国传统哲学是一套伦理政治哲学，而西方哲学则主要是存在论和认识论，或者叫真理论的哲学。

[1] 文德尔班.哲学史教程：下卷［M］.罗达仁，译.北京：商务印书馆，1993.

[2] 摩尔.伦理学原理［M］.长河，译.北京：商务印书馆，1983.

[3] Risieri Frondizi.价值是什么——价值学导论［M］.台北：联经出版事业公司，1986.

[4] 李德顺.价值思维的主体性原则及其意义［J］.湖北大学学报（哲学社会科学版），2013，40(04):1–7.

在价值思维层面，中国不区分“实然”和“应然”，甚至“应然取代实然”；西方主张先“实然”再“应然”，从“是”走向“应该”。

6.1.2 价值本质

6.1.2.1 主客体间关系

“正如国内有的学者指出，“价值”概念看似为人们所熟知，也出现在大量的理论书籍中，但实际上这一概念充满了模糊、混乱与偏见”[1]。价值通常被从“主体——客体”的逻辑关系来思考和界说，主要有三个角度解释价值，一是以客体自身的功能或属性来规定价值，即突出和强调价值的“客观性”；二是以主体和主体需要来规定价值，即突出和强调价值的“主体性”；三是以主体和客体的关系来规定价值，即突出和强调“关系性”。

6.1.2.2 价值基本定义

价值是指“客体的存在、作用以及他们的变化对于一定主体需要及其发展的某种适合、接近或一致”，有的学者提出，“关于价值定义，现已大体公认：价值是客体中所存在对于主体的需要、欲望、目的的效用性，是客体对主体的效用。”[2]

6.1.2.3 主客体统一观

就价值的本质而言，上述观点克服了价值主观论和客体论的局限，突出了主体与客体统一的关系属性，提出了“主客体统一”，价值只存在于主体与客体的特定关系之中，离开了主体与客体的关系，客体本身的属性并不具有价值意义。

6.1.3 价值要素

6.1.3.1 突破实体思维

当严格区分了“价值”与“价值物”、“主观客观”与“主体客体”、“价值”与“价值观念”，就突破了“实体思维”。从“关系”的角度把握价值现象，深刻认识“价值思维的主体性原则”，价值作为主客体相互关系的一种质态（也可以说是客观的“情境”），实质上就是阐述世界（包括人自身）对于人的意义，可统称为“关系—实践说”，或仍简称为“关系说”。

［1］杨镇源.翻译价值论研究［M］.北京：电子科技大学出版社，2017.01:13.

［2］孙正聿.哲学通论［M］.上海：复旦大学出版社，2018，7:176.

6.1.3.2 价值五大要素

价值包括五大要素：其一，主体的定位和自我意识，简称“主体意识”；其二，关于社会结构和秩序的信念、理想，简称“理想信念”；其三，关于社会规范的立场和选择，简称“规范意识”；其四，关于实践行为的心理模式，简称“实践意识”；其五，关于首位价值或本位价值的认定，简称“本位意识”。这些刚好和人脸的“五官”相似，也可以看作是人的“精神面目”或“灵魂形象”的结构要素。[1]

6.1.3.3 价值三个方面

价值至少是由主体、客体、主客体相互作用的界面（联系点）三个方面共同生成的。价值主体，即“对于谁或什么人的价值”；价值客体，即“什么或谁的价值”；价值的具体向度和质量，即“什么性质的、适合于主体哪一方面尺度的价值”。因此，价值是对主客体相互关系的一种主体性描述，它代表着客体主体化过程的性质和程度。[2]

6.2 传武健身价值

6.2.1 价值核心

6.2.1.1 人是价值主体

人是实现传统武术价值的主体，传统武术的价值首先应该确定“人的主体地位”，进而以“人的主体尺度为尺度”，一切价值和评判标准都是以人为本。在传统武术中不能忽视这一核心观点，突出以人为本的价值取向。明确“人”的主体地位，是确立传统武术价值的前提，就人而言最为根本的载体是“人体”。因此，首先保护人体，即“生存”是第一需要，这也是传统武术对人来说的第一价值所在；其次，保健人体，即有健康地“生活”，那么传统武术也必须具有健身的价值；最后，除了看到的“身”，同时，还有“心”，中国传统哲学倡导“身心一元”，这里“心”，实指“人性”，保全人性的“善”，同样是传统武术对人的巨大价值，说到底是促进人“身心”的最佳发展，追求人的“真、善、美”

[1] 李德顺.传统价值观念现代转换的最大问题[N].北京日报，2020-08-03.

[2] 李德顺.价值论[M].北京：中国人民大学出版社，1987:108.

是传统武术的价值“尺度”。

6.2.1.2 拳是价值客体

中国传统武术是一个集合概念，明清以后主要是以丰富多彩的拳种存在，因此，练“拳”是现实传统武术价值的“客体”。不同的拳种对价值主体具有不同的作用，同样的拳种对不同人的价值也不同。据1986年全国武术挖掘整理统计，“全国的武术普查表明，源流有序、拳理明晰、风格独特、自成体系的拳种达120多个”。[1]现在有报道称是129个拳种[2]，再增加木兰拳和少北拳，多达131个拳种；根据1982—1986年挖掘整理成果出版的《中国武术拳械录》（人民体育出版社）记录了71个拳种。尽管一一对应这些拳种尚是一个需要进一步推进的工作，但是，即使现在流传的这些主要拳种也足以说明拳种的丰富。较为成熟的拳种，由功法、拳法、用法三位一体构成，即三种运动形式，其中蕴藏了极其丰富的具体练习内容，具备多种价值和功能。

6.2.1.3 劲是价值媒介

在价值主体“人”与客体的“拳”之间的主客体联系点是“劲”。在数以百计的拳种，成千上万的套路，难以计数的拳势背后其实是通过套路、功法、格斗的运动形式表现的。一个个具体动作，一组组拳势，练的是一种“潜能”即“劲”。不同的劲别、劲路、劲向、劲点、劲度的攻防作用不同，对人身心产生的影响有异，简要而言，一般的传统武术可以分为刚劲和柔劲，刚劲是指短时间内的爆发力，这种劲力主要用于进攻，产生 “刚克柔”的效果，对肌肉爆发力训练有明显作用；柔劲是肌肉持续适度的张力，主要用于通过改变力点防守，起到“柔克刚”的作用，对肌肉耐力和敏感性有积极的训练效果。按照“身心一元”的思想，以及现代心理学的“具身认知”理论来审视，身心不可分，“认知是身体的认知，心智是身体的心智，离开了身体，认知和心智根本就不存在”[3]，“身体行为确实能对人的认知、情绪等产生巨大影响”[4]，也就是说身心互相影响。我们通过研究发现“陈式太极拳练习者具有突出的智慧、勇气、公正的积极心理品质。杨式太极拳练习者具有突出的人性、节制的

[1] 徐才.成果丰硕 任重道远——在全国武术遗产挖掘整理总结表彰会上的讲话［J］.中华武术，1986(5).

[2] 徐才.徐才武术文集［M］.北京：人民体育出版社，1995:150.

[3] Anderson. Embodied cognition: A field guide［J］. Artificial Intelligence，2013,149(1):91-130.

[4] 叶浩生.具身认知：认知心理学的新取向［J］.心理科学进展，2010，18(05):705-710.

积极心理品质”[1]，以“刚劲”为特征的陈式太极拳与“柔劲”为特点的杨式太极拳对人的心理品质影响不同。所以，我们认为不同拳种、不同劲，对人的身和心锻炼价值不同，换言之，以客体的拳为载体，通过练不同的劲，能实现主体人的不同价值诉求。

6.2.2 防身价值

6.2.2.1 防身技术全面

传统武术的主体价值首先是具有防身功能，这里的“防身”实指技击性。

传统武术防身技术的全面性体现在很多方面。其一，全身性。传统武术和一般格斗类体育项目相比，一个显著特点就是技击技术的全身性，这并不像拳击运动只限于拳峰击打，跆拳道不允许摔，摔跤不能打的情况，传统武术的身体各个部位都可以当作防身的“武器”。传统武术称人身7拳，头、肩、肘、手、胯、膝、足，无处不是用法，其实何止这7处，拳家要练的“百折连腰尽无骨，一撒通身都是手”，“挨着哪，哪发”这是一种全身的技击术。其二，全技性。从技击方法看，传统武术几乎包罗了世界上所有技击术的方法。徒手技法主要有踢、打、摔、拿、推、跌、点等。每一类技术又包括难以记数的具体方法，如踢技就有踹、铲、缠、蹬、点、撩、踩、踢、别、扫、勾、砸等十多种；器械的技法种类和具体方法更是不计其数，仅剑术就讲击、刺、格、洗四法，又有13基本剑法。同样的剑，西方剑的技击方法远没有中国剑术技法的全面与细腻。

6.2.2.2 防身招法巧妙

传统武术的防身讲招法，所谓招法是一种俗称，在学术术语体系中就是拳势，也有称作“技势，即技术招式”[2]。唐顺之《武编前集》中解释：“横斜侧面，起立走伏，皆有墙户，可以守，可以攻，谓之势”[3]。拳势是具有作战意图的单个攻防动作或组合。拳势与单一的踢、打、摔、拿技术方法不同，具有攻防结构和格斗意识的整体性特征，产生“不招不架只是一下，一招一架就是十下八下”的攻防效果。

传统武术拳势通常是先防后攻，攻防一体，体现出符合力学原理的省力。以

[1] 余靖梓，武冬.陈式与杨式太极拳练习者积极心理品质差异的研究[D].北京：北京体育大学，2019.

[2] 清玄散人.拳经洞微[M].郑州：河南人民出版社，2008:27.

[3] 唐顺之.《武编》前集卷6[M].北京：解放军出版社，1999.

对方冲拳攻击我面部为例，按照拳击的基本防守技术应是横向拍档，迎击阻挡，下潜躲闪而以形意拳的崩拳为例，采取的则是出手如锉，在与对方来拳的小臂接触一刹那通过转改变对方进攻路线，配合下肢趟步，上下整体，巧在攻守同体，化打合一。

传统武术的拳势都极具巧妙性，甚至具有高超的艺术性。戚继光《纪效新书》中记录的32势，势势经典，招招巧妙。以金鸡独立为例，拳诀：金鸡独立颠起，装腿横拳相兼，抢背卧牛双倒，遭着叫苦连天。见图6–1。

图6–1　金鸡独立势

同样是对方迎面冲拳打来，金鸡独立势采取的是一臂外旋接对方来击手臂，向自己面部侧方引化防守，这时用腿勾踢对方靠近我方站立的腿，若对方没有防备，则出现被踢“颠起”，脚离地后仰面跌倒，如果是对方提脚躲过被勾踢，仍站立，我则顺势用勾踢脚变向踹对方的后边站立腿，此时对方站立的两腿之间，“装入”了我的腿，这还只是下肢动作，上肢的另一手臂则横向抽击对方肋部，完成“装腿横拳相兼”技法，若对方快速后撤一步化解，我则落脚，身体下潜，两手抱对方双腿小腿后侧，做“抢背滚翻”动作，将对方掀倒并从其身上滚过，更为绝妙的是可恰好坐骑对方面部，即“抢背卧牛双倒”，同时，由于对方被坐面部，必然发出“哀叹”之声，应验了“遭着叫苦连天”。全部过程环环相扣，攻防转化不可谓不妙，甚至已超出技击本身，达到艺术的高度。

中国人虑事细密，心思巧捷，反映在武术技击中，则是“尚智不尚力”，表现出“妙、猛、快、柔”，灵巧快捷、威猛凌厉的特点。

6.2.2.3 防身手段多样

传统武术在防身的手段上，其技击性极其多样。

首先是拳种多。传统武术的拳种内容丰富，据国家武术院统计，“历史清楚、脉络有序、风格独特、自成体系”的大拳种多达131种。每个拳种都有自己独特的技击方法、代表性招式，为防身自卫提供了丰富多彩的手段。人民体育出版社1985年出版的习云太著《中国武术史》，拳种部分有46节计75种、器械部分有27节；人民体育出版社1990年出版的《中国武术大辞典》在拳种部分记录了309个拳种[1]（有的只是套路，还难以称为拳种），见表6-1；人民体育出版社1993年出版的《中国武术拳械录》记录了71个拳种。

表6-1 传统武术拳种名称一览

序号	名称	序号	名称	序号	名称	序号	名称
1	古拳种	19	温家拳	37	少林二十四炮	55	意拳
2	二十四大战拳	20	霸王拳	38	少林十三抓	56	行意拳
3	二十四字拳	21	长拳	39	少林八势拳	57	形意拳
4	二十四弃探马	22	红拳	40	少林五行柔术	58	七势
5	十二短	23	华拳	41	少林五形八法拳	59	八卦拳
6	八闪翻	24	查拳	42	少林五拳	60	八卦掌
7	三十六合锁	25	潭腿	43	少林软开门	61	三皇炮捶
8	六步拳	26	弹腿	44	少林唐拳	62	六合拳
9	内家拳六路	27	唐拳	45	少林禅门	63	太祖拳
10	北拳	28	太极拳	46	心意把	64	壮拳
11	西家拳	29	陈式太极拳	47	地功罗汉拳	65	地趟拳
12	宋太祖长拳	30	杨式太极拳	48	地煞拳	66	罗汉拳
13	囮拳	31	武式太极拳	49	秀拳	67	通背拳
14	苌家拳	32	吴式太极拳	50	连拳	68	南极门白猿通臂拳
15	张飞神拳	33	孙式太极拳	51	俞派少林拳	69	洪洞通背拳
16	赵家拳	34	武当太极拳	52	梅花捷拳	70	通备拳
17	童子拜观音神拳	35	少林拳	53	心意拳	71	八极拳
18	温家钩挂拳	36	大悲拳	54	心意六合拳	72	劈挂拳

[1] 马贤达.中国武术大辞典［M］.北京：人民体育出版社，1990.

续表

序号	名称	序号	名称	序号	名称	序号	名称
73	翻子拳	97	醉拳	121	南佛拳	145	化门
74	绵掌翻子拳	98	八宝拳	122	蝴法	146	生门
75	戳脚翻子	99	五祖拳	123	刁家教	147	杜门
76	燕青翻子	100	龙拳	124	朱家教	148	岳门
77	蛇拳	101	地术犬法	125	詠春拳	149	赵门
78	鹰爪拳	102	达尊拳	126	佛家拳	150	僧门
79	螳螂拳	103	连城拳	127	李家拳	151	会门
80	八步螳螂	104	金狮拳	128	李家教	152	孙门
81	七星螳螂	105	狮拳	129	侠家拳	153	江河拳
82	六合螳螂	106	虎形拳	130	岳家教	154	任家教
83	玉环螳螂	107	虎拳	131	南枝拳	155	苏门拳
84	光板螳螂	108	宗鹤	132	铁线拳	156	步步追
85	秘门螳螂螳螂	109	鸣鹤拳	133	蔡李佛拳	157	余家拳
86	梅花太极螳螂	110	南派少林拳	134	蔡家拳	158	金刚禅自然门
87	梅花螳螂	111	洪家拳	135	鹤拳	159	明海拳
88	硬螳螂	112	食鹤	136	龙形拳	160	松溪派内家拳
89	摔手螳螂	113	莫家拳	137	刘风山派	161	蚕闭门
90	鸭形拳	114	儒拳	138	箭李拳	162	峨派五虎拳
91	鸡拳	115	上乘梅	139	白眉拳	163	梅丝拳
92	狗拳	116	东安拳	140	余门拳	164	黄林派
93	牛拳	117	龙尊拳	141	虎爪拳	165	盘破门
94	猴拳	118	安海拳	142	四大家	166	坡子拳
95	五猴拳	119	鱼法	143	四小家	167	南兵拳
96	吴氏内家象形拳	120	五行柔术	144	方门	168	浙江南拳

续表

序号	名称	序号	名称	序号	名称	序号	名称
169	温州南拳	194	绵拳	219	虎尊拳	244	圣门莲花拳
170	黑虎拳	195	隐仙门拳	220	太乙门拳术	245	明堂拳
171	十二路技子拳	196	锦八手	221	五童气功拳	246	秘思拳
172	八拳	197	赖门	222	少摩拳	247	清八仙拳
173	万法归宗	198	熊门拳	223	尼祖门拳术	248	清拳
174	孙家拳	199	三十六路宋江拳	224	吕红拳	249	绵掌
175	自然门	200	字门拳	225	佟式六合拳	250	三通拳
176	龟牛拳	201	江西南拳	226	护身拳	251	文圣拳
177	巫家拳	202	硬门拳	227	武当功家南派	252	四通锤
178	败桩十八拔	203	法门拳	228	岳氏散手	253	孙膑拳
179	岩鹰拳	204	鱼门拳	229	松江少连山拳	254	顺手拳
180	梅山派	205	十二形龙拳	230	指东拳	255	七势拳
181	孔门拳	206	水族拳	231	神拳	256	人祖门自然派
182	洪门拳	207	杨家拳	232	迷踪艺	257	五华炮拳
183	于门拳	208	地功拳	233	燕青拳	258	少林岳记门
184	大字门	209	精合拳	234	秘宗拳	259	水砲拳
185	小字门	210	邹家拳	235	浦东拳	260	佛汉拳
186	九官掌	211	佑家拳	236	梅花拳	261	枪架拳
187	王门拳	212	苏南南拳	237	梅拳	262	独门拳
188	丹功门	213	梁家拳	238	黄梅岳家拳	263	豹虎拳
189	佛门拳	214	磋跤门	239	满意门拳术	264	弓力拳
190	严门拳	215	九华山拳	240	武子拳	265	三义拳
191	空门拳	216	岳王拳	241	腾云门	266	子母绵掌
192	岳家拳	217	石头拳	242	工力拳	267	三教门拳
193	窄门拳	218	阴阳掌	243	五行五身拳	268	串拳

续表

序号	名称	序号	名称	序号	名称	序号	名称
269	金家功	280	形式拳	291	云南壮族武术	302	哈尼族武术
270	战功拳	281	鸳鸯拳	292	四门拳	303	脚斗
271	信拳	282	汤瓶七式	293	布朗族武术	304	傣族武术
272	柴氏同备拳	283	护英拳	294	白族武术	305	景颇族武术
273	傅拳	284	九拳	295	回族十八肘	306	瑶拳
274	鹞鹰拳	285	护符拳	296	佤族武术	307	德昂族武术
275	轻拳	286	崆峒派	297	苗族武术	308	踢脚架
276	猿功拳	287	撕炮拳	298	阿昌族武术	309	彝族武术
277	二郎拳	288	撵拳	299	拉祜族武术		
278	滑车拳	289	环子踵	300	侗拳		
279	四季拳	290	花拳	301	苗拳		

其次是场景多。传统武术的防身体系较为完整，不同拳种和不同拳师积累了丰富的防身经验，如分白天和夜间遇到攻击的防身策略；依据不同场所，分在狭小空间、空旷广场、树林小道、公共场所等地的防身策略；根据防身所使用的器具，有日常生活用具，如雨伞、钥匙、高跟鞋的跟等，也有利用建筑物、公共场所设施，如背对墙体、消防器等的防身策略；根据对方人数，有一对一、一对多、多对一等防身策略。总之，传统武术防身是一个体系，体现出主体防身价值的特殊性。

最后是训练多。传统武术的训练，在很大程度上就是防身自卫的训练，因此，在武术套路中就有假设被侵害的针对性防身技术训练，甚至在西北棍法套路中就假设了“夜战八方”的一人战多人的群战场景训练。传统武术的“36擒拿”“72擒拿”“沾衣十八滚”等技法和套路都是针对防身自卫的练习形式和内容。许多武术功法或徒手或借助器材，单人或双人的练习本身也是防身的技法。

传统武术本身技术主要是为了防身而设，这一点毋庸置疑，武术最为突出的价值就是防身。

6.2.3 强身价值

6.2.3.1 外强筋骨肌肤

传统武术的健身特性寓于技击性之中，技击性与健身性相统一。

首先，练筋，也说练经筋。传统武术训练常言“外练筋骨皮，内练一口气”，《易筋经》功法言“人身之经络也，骨节之外，肌肉之内，四肢百骸，无处非筋”“筋壮则强，筋舒则长，筋劲则刚，筋和则康，拳术攻防之道岂可容筋弛、挛、糜、弱哉”[1]。传统武术的拳种基本功一般都是从“抻筋拔骨”练起。《说文解字》“筋，肉之力也”认为经筋“就是肌肉”[2]。也有人认为“经筋就是经络的附属筋肉结构”[3]。

现代研究认为：经筋由肌梭、肌腱以及韧带关节囊等具有张力本体感受性的线性组织组成，是具有形态、功能与信息感知相统一的人体有机组织系统。它在人体生成与发育中形成，是身体和脑脊髓神经系统联系互动的运动本体感知系统。[4]从解剖角度看，筋应该包括肌梭、肌腱、韧带以及本体感受的身体结构。传统武术的各种压腿、踢腿、拳架等都是练筋的方法，可以有效增加肌腱强度，提高韧带弹性，使肢体各个关节活动自如，血液循环畅通，达到“筋长一寸延寿十年”的健身效果。

其次，练骨。传统武术中有站桩功法，有“气敛入骨”的技术要求。例如太极拳站桩，实质是要求在意识指挥下，全身松沉，恰似“气”入骨中，特别是下肢，要在气行中达到沉稳轻灵。太极拳动作缓慢，凡出腿迈脚总要求一腿完全支持体重，即所谓虚实分清，这样下肢骨骼相对受力时间较长，加上有关“三合”的技术要求，使骨骼正常受力，从而达到壮骨生髓的效果。另外，太极拳的弧形旋转运动大大促进了对骨骼系统的锻炼，延缓腿部衰老。

最后，传统武术的练习中还有一个较为特殊的训练，即练“膜”，从肌肤开始。传统拳论称“练筋不练膜，而膜无所主，练膜不练筋，而膜无所依”“膜居

[1] 马国兴.古拳论阐释［M］.太原：山西科技出版社，2001:28.
[2] 薛立功.经筋理论和临床疼痛诊疗学［M］.北京：中国中医药出版社，2002.
[3] 吕嘉戈.气功医学之经筋疗法［M］.北京：中医古籍出版社，2002.
[4] 茹凯.经筋实质的系统［J］.北京中医药大学学报，2010，33(04):229.

肉之内，骨之外，包骨衬肉之物”[1]。按解剖学解释，筋膜为包在肌肉周围的结缔组织膜，分为浅筋膜和深筋膜。浅筋膜又称皮下筋膜，由松散结缔组织构成。深筋膜内含有脂肪、血管和神经等，对肌肉有保护作用，并有助于维持体温[2]。骨膜有内外两部分，骨外膜是致密结缔组织，被覆于除关节面以外的新鲜骨的表面，含有丰富的神经和血管，对骨的营养、再生和感觉有重要作用[3]。传统武术通过拍打、利用木棍擀碾迎面骨（小骨胫骨）等方法，在提高抗击打能力的同时，锻炼了骨膜和筋膜。传统武术练习有护肤、壮筋、坚骨、提高适应外界刺激，抵御外邪侵扰，以及防身和健身作用。

6.2.3.2 内壮脏腑气血

内壮，在传统武术中也称“内功”，是指着重于人体内部的机能（意念、气、脏腑、经络、血脉等）而进行锻炼的方法。

其一，练脏腑。中医理论中分五脏六腑，五脏：心、肝、脾、肺、肾；六腑：胃、大肠、小肠、三焦、膀胱、胆。传统武术拳种，依据五行和中医理论，练拳法应对应五脏来练习。如，形意拳的劈、钻、崩、炮、横对应肺、肾、肝、心、脾五脏，这里既有比类取象的朴素思维，也有在练拳过程中，意识专注对应穴位和通过松紧用力刺激穴位的一定中医道理。其二，练呼吸。由于“气”的含义极其多样，似乎难以言说，特别是一些“周天功”“内丹功”等更是难以从科学角度解释，但是，传统武术“内练一口气”的方法，其实具有一定生理学支持，所谓“一口气”其实是通过呼吸，锻炼膈肌，增加膈肌运动幅度和强度，激发腹肌运动，增加腹部抗击打力度，固定躯干，加大发力的支撑作用。同时，采用腹式深呼吸，有时配合拳势呼吸，要求气下沉，呼吸做到深、长、匀、缓等，保持腹实胸宽状态，横隔参与运动，横膈下降，胸腔扩大，肺摄氧量增多。膈肌每下降1厘米可增加气量300毫升左右，从而提高肺脏的通气和换气功能，能对心肺产生良好的保健作用。呼吸还能带动腹部的运动，对肝脏、胃肠起推动作用，提高胃肠的蠕动、消化和吸收能力，改善体内代谢循环，增进食欲。其三，促循环。传统武术练习中，特别强调“松紧”“刚柔”，要求全身放松，包括肌肉关节，这样能使人体的血管内阻力减少，从而加速血液循环，减轻心脏负担，特别

[1] 马国兴.古拳论阐释［M］.太原：山西科技出版社，2001:29.

[2] 运动解剖学编写组.运动解剖学［M］.北京：北京体育大学出版社，2013:117.

[3] 运动解剖学编写组.运动解剖学［M］.北京：北京体育大学出版社，2013:34.

是胸廓的放松扩展。使心肌外围压力减小，其容积增大，收缩差增大，排血量增多，组织器官得到的养分增多，无疑有利于养生健身。

6.2.3.3 注重内外兼修

在中国传统身心一元的思想影响下，传统武术的训练始终强调内外兼修、身心一体的理念，在产生独特技击作用的同时也是健身的不二法门。

其一，训练的整体性。传统武术重视人的有机性和整体性，重动态功能训练，采用人体三大运动要素意、气、形分层不分解的训练方法，全面开发人体潜能，具有重整体类比、重动态功能、重直觉体悟、重程式循环的特点和优势。传统武术劲与一般身体“力量”练习横向比较，后者忽视整体，缺乏对人进行全面和深刻的训练，会造成局部训练等问题，是典型的身心二元思维下的方法。相反，传统武术劲重局部分析、重实体结构、重实证量化、重求变创新。传统武术劲与一般力量对比见表6–2。

表6–2 传统武术劲与一般力量对比

分类 内容	传统武术劲	一般力量
练习理念	整体	局部
练习部位	重点肌梭、腱、韧带	重点肌腹
练习程序	静——动——统一	静、动分离
组成要素	意+气+形整体	力、意等分离
性质类别	功能性	结构性
功用特点	格斗的“自动化”	单纯克服阻力
练习形式	桩、拳势、器械合一	专门动作分离

传统武术训练整体性确有其优势一面，同时也有不足之处，需要在不失其优势前提下优化。

其二，训练的有序性。传统武术追求内外兼修，始终要求内外相合。但是在训练过程中，应根据人体运动技能的规律，分层而有序进行。主要途径有两条，一般从外在身体姿态开始，再逐渐进入内在意气，采取的方法是“由外导内”；也可以采取“由内导外”的方法，通过意识引导带动身体运动。其实这两条途径殊途同归，并没有严格的界限，就是要达到“内外合一”的目的，只是掌握技能的不同阶段和因人而异的不同手段而已。

其三，训练的时空性。传统武术训练重视的内外还不仅仅是身体自身肌体的外在筋骨皮与内在精气神的统一，其实，还包括了身体与自然界的结合，表现在与时间和空间的统一性上。在“人法地，地法天，天法道，道法自然”的思维指引下，顺应节气规律，择时适季练功。如，传统武术的功法根据四季变化有对应的练习内容，典型的如八段锦，在夏季时调整为坐式练习，见图6–2。

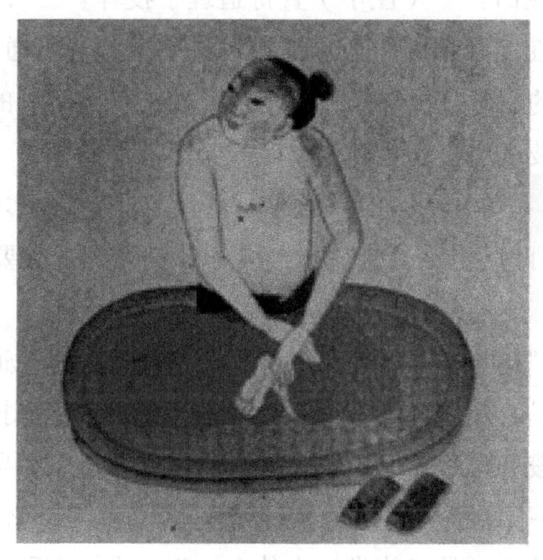

图6–2 坐式练功

与空间相合，太极拳的八法与八方相对应，五步按五行方向运动；八卦掌则是按照八卦方位变掌；许多传统武术套路练习中讲究“四门”“八方”，都是一种身体与自然相合的表达。

传统武术的健身特色表现为，内容体系：时空合一，丰富多彩；指导思想：天人合一，整体系统；运动原则：身心合一，综合功能；训练重点：以心为本，轻力重神；理论基础：阴阳五行，经络气血；负荷评价：主观感受，直观体验。不足是，练习内容精确度符合量化标准，但健身机理解释等方面不及现代一般身体训练。

6.3 传武修心价值

6.3.1 内心修炼

6.3.1.1 练拳技与悟道

练拳似乎是一件小事，甚至有人称“技击乃末技”，但是，技与道的关系问题是一个哲学话题。早在战国时期的《养生主》中就提出：“臣之所好者道也，进乎技矣”，郭象注曰：“（庄子）直寄道理于技耳”[1]，这里提出“道进乎技”，清末的魏源在《默觚》中说：“技可进乎道，艺可通乎神”[2]，颠倒了庄子“道进乎技”的命题，提出“技进乎道”。从目前可见的文献可考，武术典文中最早提及“由技进道”的是孙禄堂《八卦拳学》的序：“细绎八卦拳学之意义则在化后天之力，……技也而进于道矣。形上形下一以贯之，知先生固非徒以技击擅长也”[3]。此后王芗斋也说：“要知拳学乃人之需要，不可须臾离一贯之学也。故庄子说：技也进乎道矣。”[4]

技与道，就是“道与器”“道不离器”，器与道并存，道与器就其本体而言须臾不可分离。但是，从传统武术训练的视角，就人掌握武技的过程而言，“技进乎道”是一个阶段和过程，而站在道的层面反观技，则无疑是“道进乎技”，最终应该是“技道一体”，技是道的体现和载体，道是技的本体和升华。

练拳究竟是练什么？拳又能带给人什么？不同人，不同认识层面，不同历史阶段恐怕都会有不同的答案。如果在人求存的大尺度思考，人要想生存的好，必须处理好自己与自己，自己与他人以及自己与自然的关系。其实，最难处理的是人自己的“心”，所谓“安心立命”，人遇到的最大困难看似来之外界，实则是内心是否能够泰然处之。

6.3.1.2 练拳认识自己

站在哲学层面思考，练的一拳一腿，刀枪剑棍，套路、功法、格斗，其背后其实都是在通过练拳而认识自己。

[1] 庄子.庄子［M］.郭象，注.上海：上海古籍出版社，1995:42.

[2] 魏源.魏源集·默觚上·学篇二［M］.北京：中华书局，1976:5.

[3] 孙禄堂，孙玉奎，等.孙禄堂武学论语［M］.北京：人民体育出版社，2010.

[4] 王芗斋.意拳拳学［M］.刘涛，李全有，辑.北京：北京体育大学出版社，2002:37.

《说文解字》解释："拳，手也。张之为掌，卷之为拳。"，对"手"的解读有，掓，直刺也；拂，过击也；摮，旁击也；挨，击背也；批，反击也；捭，两击也；挃，捣头也抵，侧击也；摷，拘击也；扚，疾击也；摧，敲击也；扰，深击也；撹，中击也等"[1]。如果按照这些字义去做出动作，你会发现即使你是一个习武者，做这些动作也是相当困难的，这看似是因为你没有专门学习过这些动作，其实更深层的问题是你尚不能完全控制自己身体。因此，传统武术拳谚语说"拳打千遍，其理自见"，这个理的核心是"控制自己的身体"进而"认识自己"，正如在德尔菲神庙柱子上所镌刻的标语"认识你自己"。

认识什么？认识身体操控下的一拳一腿技术，透过技术认识到技术原理和哲理，最终是对人生的理解，对世界的认识，对生命情感的感悟，对现实生命的自觉和觉醒，认识自己。

6.3.1.3 练拳强壮己心

通过练拳可以感知和体悟很多道理。仅从个人精神方面，其一，感悟自强不息的精神。这句话源自《易·乾·象》："天行健，君子以自强不息"。著名哲学家张岱年先生把中华民族精神概括为"自强不息""厚德载物"。清华大学把"自强不息，厚德载物"作为校训。自强不息的基本含义是指人应该像天的运行一样永不停止，自觉地努力向上，追求真理。传统武术的博大精深本身就是引领人不断追求的动力。且不说拳种丰富，足以让人一生学不完，即使是一个拳种，其功法、套路、格斗也难以在短时间内学会。因此，博大的内容，精深的内涵，促使每个武者必须具备自强不息的精神，反之，在习武过程中不断的修炼必然会培养出这种精神。其二，感悟百折不挠的毅力。练拳是一个千百次重复，日复一日，年复一年的"冬练三九，夏练三伏"的极其艰苦的过程。有研究表明熟练掌握一个舞蹈动作，至少要重复1万次，相比之下，武术动作不单是个人演练，还要应用格斗，可想而知要想掌握一个招式，不重复千百次甚至上万次，不经过"学拳先挨打""身体跌打碰撞"，不可能做到"一招精"，在这个过程中，如果一时因为学不会，或者掌握不好动作，就自暴自弃，就不可能学好武术，所以练武，其实是培养你的百折不挠的毅力。其三，感悟反求诸己的品格。"反求诸己"语出《孟子·离娄章句上》："行有不得者，皆反求诸己，其身正而天下归

[1] 马明达.说剑丛稿［M］.兰州：兰州大学出版社，2000:61.

之。”基本含义是指凡事如果做不成，或者未达到最终结果，应该反过来从自己的身上找原因，而不是抱怨或苛求他人或寻找其他原因。传统武术总体上追求以防守自卫为主的技法特征，拧倾曲圆的内聚身型，重视意气运行的内练方法，以及以太极拳为代表的内家拳法，甚至出现“舍己从人”“以柔克刚”“随曲就伸”的技术体系和理念。长期习练传统武术，可以在内聚的身型、内敛的技法、内练的功法、内化的对练中，体悟“我守我疆，不卑不亢”的思想。化解对抗冲突的技法，势必影响到心理品格的形成，这和张扬外露的格斗项目形成鲜明的对比。如咏春拳的日字拳与拳击的直拳横向比较，明显可以看出两者之间的不同。日字冲拳，追求“不偏之谓中，不易之谓庸。中者，天下之正道。庸者，天下之定理”。恪守自己的有效防守范围，守中用中，形不破体，力不出尖，受对方攻击则“来留去送”，即对方攻来的手法，我除了接手化解外，最好尽可能将其留住，以利于相接之感觉，如将其控制，这就是来留；“去送”者，就是当对方向我强力击来时，我利用手法将其击来之方向改变，令其走偏，若可能的话，还要适当加力顺其势向改变后的方向上送去，以加速对方失势，表现出内敛技术特征。拳击直拳，主动出击，放长击远，你打我攻，强取硬打，有时因为过分孤注一掷，拳落空而自己倾倒，明显是一种外放技术特征，也是一种思维的表达，见图6-3。

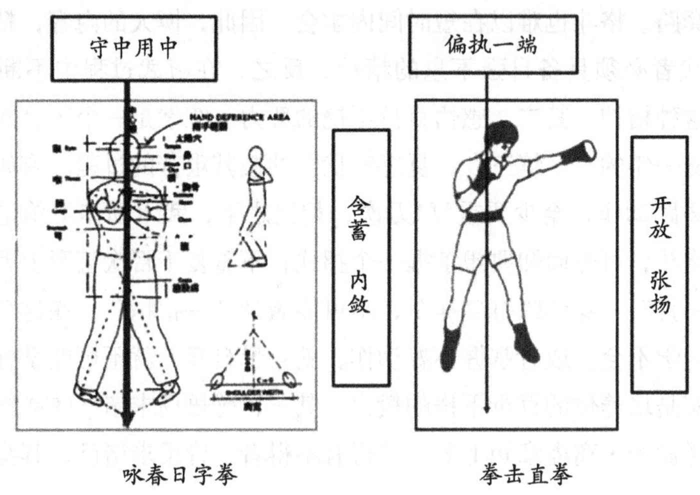

图6-3 咏春拳与拳击对比

因此，练拳最需练的不仅是攻防技术方法，也是自强不息的精神，百折不挠的毅力，从而练就强大的心理承受力。

6.3.2 他心和谐

6.3.2.1 以柔克刚之思

传统武术的拳种，追求“体用兼备”“打练结合”的训练理念，既有演练为主的“套路”形式，也有对抗的“散手”形式。有学者认为“所谓中国传统武术文化，不外就是中国人处理肢体冲突所形成的传统行为定式和活动样式，其中饱含了中国人世代积累起来应对环境的生命智慧、生存技巧和生活修养”[1]。传统武术不仅是一种应对“肢体冲突”处理敌我矛盾的技术，更是一种思想。传统武术是在练习“知己”基础上，不断修炼“知彼”的功夫，为我们处理自己与他人关系提供了一种身体可操作的，达到由技术向哲理提升的修为途径。

传统武术一般把练习单势、单趟、套路称为“体”，是知己功夫，将拆手、对练、散手等叫“用”，主要是练习知彼功夫。“体用兼备”的核心是如何应对各种攻击，处理冲突，解决矛盾，传统武术采用的是“以柔克刚”的思想。

老子看到“天下莫柔于水，而攻坚强者莫之能胜”，意即看上去柔弱的水却能冲决一切坚强之物。此外，老子以草为例：“万物草木之生也柔脆，其死也枯槁”，讲幼苗虽柔，可以壮大，而一旦壮大则走向死亡。于是，他由水的事例，引出“柔之胜刚”“弱之胜强，柔之胜刚，天下莫不知，莫能行”。由草木的事例，引出“故坚强者死之徒，柔弱者生之徒”[2]。

原本是一种“你死我活”“以牙还牙”“以刚克刚”的“对抗”性人类格斗运动，传统武术用“以柔克刚”的方式，处理了这种“敌我”式“人际关系”，在安好自己“心”的基础上，智慧地处理人与人之间的矛盾，解决“他心”问题。在具体培养人的这种思维上，“单对统一”是传统武术的一大特色，“单”特指套路演练，“对”指套路式的对练，“统一”是指技法结构一致，实用劲法真实，强调套路“拳势”。单练与对打统一反映了武而文化、体用合一，重视过程，和合中庸等一系列思想，进而达到和谐（单与对统一性）、巧妙（拳势结构复杂性）、修养（攻防转化柔化性），形成重体能更重技巧，重结果更重过程，

[1] 阮纪正.至武为文——中国传统武术文化论稿［M］.广州：广州出版社，2015:16.

[2] 任继愈.老子新译［M］.上海：上海古籍出版社，1986:8-20.

重比赛更重修养的一种充满东方智慧的比赛模式。[1]

因此，传统武术的练习形式、技术技巧、攻防理念都深刻反映了一种“以柔克刚”的思想。

6.3.2.2 舍己从人之法

传统武术可贵之处是在塑造人的“以柔克刚”思维上形成了一套技术体系，可以在身体实践中践行、体悟、内化于心，形成一种心理品质，构筑自己的价值观。

太极拳是传统武术中最为经典的代表拳种之一。太极拳的推手形式和技术是一种人类格斗的理性回归和文明提升。太极拳推手，有多种称谓。在不同地区、不同太极拳流派，不同的太极拳老师称谓不同，早期在陈家沟有擖手、打手之称，也有诸靠、扳跌、挤手、缠手、交手、演手、搭手、散手等名称。民间太极拳拳师俗称打轮、划圈、摸手、摸劲等。太极拳推手是以太极拳的劲法（掤、捋、挤、按、採、挒、肘、靠）为核心、拳势为载体、以柔克刚为理念，以听、问、引、化、拿、发为程序，以肢体粘黏连随为形式，用以体认太极拳体用兼备、由术入道的训练形式。太极拳技术核心就是“舍己从人”“以柔克刚”，如何做到呢？

其一，以小胜大。力度上，追求以小力打大力，以无力打有力。对太极拳推手特点的论述最为经典的当属《太极拳论》所提出的“四两拨千斤”“显非力胜”“舍己从人”等观点，概括而言就是以小胜大。

力学上，以较小的力可以克服较大的力。如利用杠杆原理，用小的力可以橇动重的物体，再如通过改变力的作用点，用较小的力转移开较大力。太极拳推手中，在一定条件下确实存在以小胜大的现象，这里对胜的界定是使对方攻击落空，产生身体移动或摔倒等情况，也包括用较小力击打对方薄弱的部位，将绝对力量大于己方的对手拿住、击伤、摔倒等。一定条件包括，双方在不脱离接触的推手状态下，对方攻击力量大且无变化、对抗双方的水平不同等，如甲方用100公斤的直力推乙方，乙方掌握好时机，可以用很小的力，通过转动身体来化解甲方的直力攻击，使甲方摔出。

其二，以慢胜快。战术上，追求以手慢打手快，以后发而制先发。慢与快是

[1] 武冬.“单对统一”武术套路竞赛模式研究［J］.北京体育大学学报，2016，39(04):101.

相对的，太极拳论中的快与慢，不是绝对意义上的速度概念，更多是指发招的先后。快速的动作，由于惯性作用，往往在动作过程中不容易改变方向，如果能够有良好的预判能力，太极拳术语称作“听劲”，就可以根据对手来力的大小、方向、作用点，采取一定方法准确地通过改变攻击力的作用点，或引空令其失重，或顺势击之等，达到制胜目的。这也是舍己从人的一种表现。在技击中动手的顺序上，显然后动胜先动，通俗的概念表述为快慢，但是绝对不是字面意义上的快慢，即面对快速攻击，用缓慢的动作防守，否则也违背了“动急则急应”的拳论。所以说，太极拳推手的所谓慢主要是战术策略。

其三，以柔克刚。技术上，追求粘黏连随不丢顶，以柔化而制刚猛。太极拳的推手方法特点是通过采用掤劲，似有似无地粘住对方，不与对方离开，这种劲是一种可进可退的活劲，太极拳称为轻灵劲，要想粘住对方就要在变化中粘住。所谓“走即是粘，粘即是走”，这里“走”就是变化，具体方法不外乎“连”，即彼屈我伸，彼伸我屈，原则上要求不丢，即不与对方接触点脱开。不顶，即不与对方来力做无变化的较劲，从而实现在双人接触的条件下使用技法，通过感知对方力的要素变化，引导对方刚猛使力，以较小的劲使对方失重而制胜。与此相反的技术是用绝对的力量强攻对手，所谓的顶与抗，使蛮力。虽然这两者的界限难以定量，特别是在大强度的对抗情况下，掤与顶的界定不好评判，但是太极拳的技术主体追求的是以柔克刚，不容置疑。

以太极拳为代表的中国传统武术，开启了人类认识自我以及他者，处理好自已与自已，自已与他人关系的一种具有东方智慧的途径。

6.3.2.3 和谐大同之道

修身常常与养性相关联，通过身体的练习可以影响心性的变化。传统武术的训练理念、方式、方法足以对人的心理产生深远影响。以太极拳为代表，太极拳推手是掌控平衡的练习，需要做到“尾闾中正”“中正不偏”，身体重心始终控制在平衡面内，才能保持身体稳定而不被推动或者推倒。经过太极拳推手这种“中正”的长期训练，“格物致知”，练习者势必会逐渐体会到技术背后“无过不及”的思想，并进一步影响到其做人做事的方法，促使练习者形成一种光明磊落，刚直不阿的品格。

激烈竞争的社会，人与人之间的竞争不可避免，甚至会出现正面冲突，极容易形成心浮气躁，仇视敌对的心态。太极拳推手讲求引进落空，舍己从人，四两拨千斤，“以柔克刚”，不与对方“以刚克刚”，追求“上善若水”的技术境界。通过长期练习太极拳推手可以深刻体悟其中内涵，当面对冲突，以海纳百川的胸怀接纳，以“和”的方式化解冲突，逐渐对人的性格、修养、处世产生积极影响，养成胸怀宽广、大度谦让、坚韧不拔、自强不息、厚德载物等良好品格精神，形成“和”的健康心态。

通过练习传统武术，体悟中华文化内涵，如太极拳推手中的虚实转化技术，就体现了老子的“虚其心，实其腹，弱其志，强其骨”的思想内涵，当在练习中豁然贯通时，就会产生一种无以言表的愉悦。在技艺交流中，不以蛮力相对抗，静心体会“刚柔相摩，八卦相荡”的哲理情趣，由拳入道，道以技显。

6.3.3 自然之道

6.3.3.1 比类取象思维

人要能够安自己心，处理好与他心的关系，放眼世界还需要善待自然，要体悟自然之道所在，即《周易》所概括的“观物——取象——比类——体道”的方法[1]，这种取象以体道是传统武术技术完全可以用身体实证的认识自然之思维，即反映了“身道”。所谓思维，最初是人脑借助于语言对事物的概括和间接的反应过程。

传统武术可分为四个层次，第一层次象形。象形就是以人体动作，模拟客观事物的形象，既可是飞禽、走兽、花木鱼虫，也可是云雷湖海山石，甚至是客观现实中并不存在的想象的神灵佛物，抑或是人们生活实践的场景。

（1）仿人物。关公理须、霸王举鼎、牧童指路、老僧托钵、玉女穿梭、太公钓鱼。

（2）仿动物。白鹤亮翅、倒撵猴、狸猫上树、野马分鬃、金鸡独立、青龙出水、大鹏展翅、青龙探海、黄龙转身等各种动物的形态及神态的描摹。鹰爪拳的擒拿之功，蛇拳的吞吐之力，猴拳的蹿跳之灵，这里所指的灵、巧、功、力都变成了人体四肢的直接拳形动作。人们取各种动物的长处比如燕子的轻盈灵巧，虎的威猛刚强，鹰的降伏自如等。

（3）仿植物。古树盘根、势如破竹、旱地拔葱、倒拔垂杨柳、荷叶掌等。

---

［1］高晨阳.传统思维方式研究［M］.济南：山东大学出版社，1994:5.

（4）仿自然。海底针、双峰贯耳、如封似闭、顺风卷、定海神针、风卷荷叶、秋风扫叶、三环护月、旋风扫尘、泰山压顶、风扫残云、海底翻花、叶底藏花、风扫梅花、风摆荷叶、平分秋色等。

（5）仿哲理。金（劈拳）、木（崩拳）、水（钻拳）、火（炮拳）、土（横拳）等。

第二层次象法。象法是动态地模仿各种动物行为和习性特征。如，龙三折盘旋，虎蹲踞卧伏，猴缩臂裹肋，马跨蹄昂首，鼍曲折沉浮，鸡独立啼鸣，鹞翻转束翅，燕轻飘迅疾，蛇蜿蜒盘团，骀竖尾倒落，鹰展翅翱翔，熊猛撞顶立等，见表6–3。

表6–3 形意拳比类取象

十二形	身	形	能	技
龙	三折盘旋之身	升腾翻越之形	搜骨伸缩之能	踩踏撑拔之技
虎	蹲踞卧伏之身	扑蹿咬剪之形	凶猛扑食之能	扑托推搓之技
猴	缩臂裹肋之身	爬杆叨绳之形	轻巧灵敏之能	叨插扒蹬之技
马	跨蹄昂首之身	展身抖毛之形	奔腾疾蹄之能	撞跳勒顶之技
鼍	曲折沉浮之身	柔身滑贴之形	翻江搗海之能	掩钻旋顶之技
鸡	独立啼鸣之身	斗啄缩胯之形	欺斗上架之能	抖打啄击之技
鹞	翻转束翅之身	翱翔扭转之形	钻天入林之能	钻扣拧炮之技
燕	轻飘迅疾之身	灵巧穿越之形	抄水回巢之能	闪歉劈打之技
蛇	蜿蜒盘团之身	螺旋缠绕之形	拔缠吐刺之能	别挑击翻之技
骀	竖尾倒落之身	速冲直搗之形	尾击臀打之能	撞掏顶打之技
鹰	展翅翰翔之身	俯寻速降之形	雕捉拍压之能	收翅扣抓之技
熊	猛撞顶立之身	雄壮威武之形	立颈竖顶之能	撞靠顶击之技

第三层次象意。象意即取象形动作中所蕴含的意义。从各种物态之象中抽象出来的事物某一方面属性的体现。反映了各种属性之象的内在联系，揭示事物的本质属性。

意向——心之所向，人们行为的内在动机。

意思——心之所现，事物的本质属性表达。

意境——心之所达，形象的境界内在哲理。

第四层次象道。象道其实是取道，是通过具体表象抽取其背后所寓含的道理、规律。传统哲学的阴阳、八卦、五行就是透过现象表示的道象，即是规律之象。太极拳的八法、八卦掌的八掌、八极拳的八招、戳脚的八根、枪法的八母等，都是体现这些规律的具体的“器”。

传统武术的实践就是思维方法“象形—取意—悟理—达道”的身体载体和表现，见图6-4。

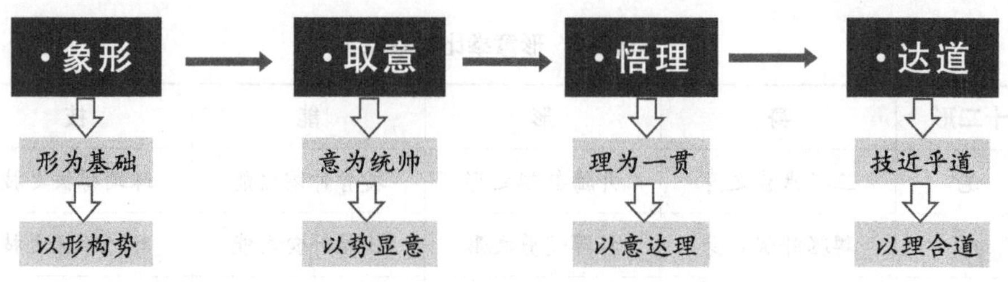

图6-4 传统武术比类取象流程

6.3.3.2 天人合一思想

关于人与宇宙之关系，中国哲学中有一特异的学说，即天人合一论。中国哲学之天人关系论中所谓的天人合一，有二层意义：一是天人相通，二是天人相类[1]。张岱年先生解释，所谓天人相通，第一层意义，是认为天与人不是相对待之二物，而乃一息相通之整体，其间实无判隔。第二层意义，是认为人伦道德之本原，人伦道德原处于天。天人相类，亦可析为两方面。一，天人形体相类，此实附会之谈。二，天人性质相类，此义与天人相通论之天道人性为一之说相似，实际上亦将人伦道德说为天道[2]。

中国哲学中的天人关系，发源于周代，经过孟子的性天相通观点与董仲舒的人副天数说，到宋代的张载、“二程”达到成熟。天人合一思想包括：人是自然界的一部分；自然界有普遍规律，人也要服从这普遍规律；人性即是天道，道德

[1] 张岱年.张岱年文集：第2卷［M］.北京：清华大学出版社，1990:209.

[2] 张岱年.张岱年文集：第2卷［M］.北京：清华大学出版社，1990:218-219.

原则和自然规律是一致的；人生的理想是天的调谐。[1]

对“天人合一”思想进行科学分析，要保持客观和理性的态度，其中，人作为自然的一部分要顺应自然规律是其合理的内核，但也不是屈服于自然，而是如《周易大传》主张“裁成天地之道，辅相天地之宜”“范围天地之化而不过，曲成万物而不遗”[2]，处理好改造和顺应自然的关系，调整自然符合人类的愿望，人类充分依靠自然，不过度破坏自然，也不盲目屈从自然，以天人相互协调为目标。

哲学意义上的天，一指最高主宰，二指广大自然，三指最高原理。合一是指统一。传统武术中的人的本能也是“自然”，借助自然界的力量也是“自然”，这些内涵都是包括在“天”中。

传统武术的拳种形成、练功形式、技术要求等都不同程度反映了“天人合一”的思想。自然门拳种就是以“自然”为名，意指“不失自然之本旨”，包括自然拳、自然功。传统武术的站桩功法，更是暗喻人如树木扎根大地，“接地之力，吞天之气”，见图6-5。

图6-5 站桩扎根

站桩的练习形式和内涵体现了“天人合一”的思想。其一，在站桩过程中，通过身体的有意识放松，使身体各个部位尽可能不产生局部肌肉过度收缩，顺应人体站在地球上不可抗拒的重力，主动而自然地向地心下沉，可谓顺其自然。其二，站桩又不是一味地只顺从自然重力的作用，完全屈服自然之力，而是在放松的同时，用意识控制身体保持上下对拉拔长的双向用力状态。在松的同时，也可以保持地面因身体重力的作用产生向上的反作用力，身体与地面之间融为一体，静止不动时，两脚如树根植地，若受到他人推力，则通过固定的桩架（桩架就是身体锁定关节）保持稳定结构，能够不发生形变如同钢架结构稳固，把外力卸载于大地，造成别人推你，如同推地；身体瞬间下沉，脚蹬地发力，同时，地面反作用力传递身体，节节贯通，作用于施力点或欲攻击点。细细品味，站桩始于“天人合一”“人我合一”“力力合一”的思想。

传统形意拳技术要求“消息全凭后足蹬”是一句难以从字面上理解的要领，

[1] 张岱年.中国哲学中“天人合一”思想的剖析［J］.北京大学学报（哲学社会科学版），1985(1):487.
[2] 张岱年.中国哲学中“天人合一”思想的剖析［J］.北京大学学报（哲学社会科学版），1985(1):491.

要义就在于充分利用身体的自身重量通过横膈膜的启动使身体瞬间下沉，借助地面反作用力推动身体发力。这是对自然重力的巧妙使用，即所谓用身体打人，既是内劲，也是整劲。

6.3.3.3 体悟生命情感

传统武术产生于人类为了生存的攻防本能，天生的攻防本能伴随着人的一生，在传统武术的习练过程中，练的是基本功、套路、散手以及南拳北腿、刀枪剑戟、少林太极，体悟的是生命的脉动、生存的苦乐、生活的得失。最终，练拳就是一生对生命情感的体悟过程。

十月怀胎的婴儿就会“拳打脚踢”，一朝分娩，伴随着“手舞足蹈”来到人世间。武在原始社会，在人与兽斗，人与人斗中起着维系生命，维护族群繁衍的作用。进入现代文明时期，武已经不存在原始时期直接为生存而斗的作用，但是其作为一种世世代代积累的为了生存而形成的身体知识应该被继承。因为，武能带给人类“武化”教育的文明，强健的身心，危险时刻的自卫。自古“文武兼修”“文武双全”就是“全人”的标准和追求。

拳打开关起势，即在练习套路时，非常重视刚开始时的精气神和身体架势高低，步入场地，凝神聚气，一个动作接着一个动作，拳势巧妙衔接，暗含着哲理。如八极拳拳谱曰：无极动则生太极，太极生两仪，两仪生四象，四象分八卦（内批四朗宽拳一套）；冲天炮、闭地肘，合手者，六合也（批六大开拳一套，六合枪、六合刀也）；跪膝者，南北二极也；捋手者，天转也；腰步盼前顾后也；八极者无极归原也。

你攻我防，躲闪化劲，对练对打，推手实战，拆招用招。武术的格斗比的是技术，考验的是心理品质，反映的是一种虽经千锤百炼，却永不言弃的精神。面对生活的压力，人生的挫折，甚至是无端的指责，恶意攻击，我们依然应善待他人，但是，善待不是无原则的屈服，而是坚持正义的舍己从人，化解矛盾，笑对人生。

站在天地之间，仰观俯察，立象尽意，近取诸身，远取诸物，通神明之德，类万物之情，感受人生冷暖，世界真情。

7 中国传统武术师徒伦理论

7.1 师父传武授道

7.1.1 师者如父

7.1.1.1 师傅名称含义

韩愈曾为“师”作过一个经典性的诠释：“师者，所以传道、授业、解惑也”。傅，形声字，人表意，篆书形体像一个人，表示辅佐者或被辅佐者都是人；尃表声，尃有施行义，表示给人辅佐、辅助；负责教导或传授技艺的人称作师傅。师傅一称，没有指明传授技艺的人与接收技艺的人之间除了身份不同之外是否有“血缘关系”。通常意义上，师傅只是一个职业的传授知识或技艺的人。在明和清初的一些武术材料中，一般把“师”写为“师傅”。梅花拳的拳谱中记录“俗人曰：不打师傅不得妙着。每有乘师无备偷刺暗打，最是轻狂可恶。窃思奇着妙法何师无之，皆因弟子轻薄，不知尊师重道，故秘而弗传。”[1]

但是，在不同文献以及明清之后，师傅的傅逐渐被“父”取代。

7.1.1.2 师父内在含义

父与傅是谐音，一字之差，体现了浓厚的伦理学色彩。伦理指在处理人与人、人与社会和人与自然相互关系时应遵循的道理和准则。传统武术中，各个拳种流派都信奉“师徒如父子”“一日为师，终身为父”的理念，父字代表的是具有血缘关系的称谓，而事实上师者与被教学者之间，一般情况下没有血缘关系的居多，而为什么传统武术偏偏把师傅改成师父，其中包含着模拟血缘关系的一种家庭式伦理关系。

7.1.1.3 师傅与父不同

在中国传统的农耕文化中，以家庭为单位的小农经济中，社会最重要的根基是“氏族家法血亲传统遗风的强固力量和长期延续。”[2]把师傅变成师父，就是承认了传统家庭的伦理关系，遵从“君君臣臣、父父子子”“父子有亲、君臣有义、夫妇有别、长幼有序、朋友有信”“君为臣纲，父为子纲，夫为妻纲”的道德伦理。传统武术“徒视师若父。遵师命，守师训，忠心耿耿，绝不能有三心

[1] 杨炳.习武序［M］// 路遥.义和拳运动起源探索・附录.济南：山东大学出版社，1990.

[2] 李泽厚.中国古代思想史论［M］.北京：人民出版社，1985:299.

二意”。“遵师命，守师训”的“师为徒纲”，是传统社会宗法制条件下以父为绝对权威的“父为子纲”的伦理翻版。如果简单地判断这种伦理关系，似乎是“封建”陋习，但是深入思考“师父”的作用，会发现师者作用和责任尤为重要。

7.1.2 师父作用

7.1.2.1 无师难以得艺

师父的核心作用就是传武艺。传统武术训练讲“自古无师不通圣，得艺回来好看书”“苦练三年，不如名师一点”“凡学百艺，莫不有师，况乎技击之学……苟无师承，宁窥其要耶？”明末思想家黄宗羲说：“古今学有大小，未有无师而成者也”。如果说一般技艺都需要有师才能通晓，那么，武艺就更有其自身的特殊性，更需要师父的口传身授。戚继光讲“夫武艺不是答应官府的公事，是你来当兵防身杀贼立功本身上贴骨的勾当。你武艺高，决杀了贼，贼如何又会杀你？你若武艺不如他，他决杀了你。若不学武艺，是不要性命也”。[1]武艺的格杀性，决定了其危险性、隐蔽性、宝贵性。一些技法是用鲜血和生命换来的宝贵经验，如果没有前人的真传，很难自己体悟到。传统武术的师父常说要有“传授”，没有传授，有些技艺终其一生难以得其窍要，此谓花拳入门，错了一生矣。

7.1.2.2 传武先传武德

武德，是指习武者的行为规范。武德规范着习武者的言行举止等各类活动。“武德”一词最早见于《国语・晋语九》“有武德以羞为正卿”，这里武德指军功。《尉缭子・兵教》“开封疆，守社稷，除隐患，成武德”，这里武德是指军队开疆拓土、稳定江山的政治功能。《史记・太史公自序》中，文曰：“非信廉仁勇，不能传兵论剑”，这是一种对习武者行为规范的武德要求。

传统武术要求“未曾习武先习德”“武以德立”，师父在传技授艺之前或同时，必须进行武德教育，俗话说没有规矩，不成方圆。为什么要重视武德教育？至少有二个主要原因，其一，武艺技法的特殊的格杀功能，不同于一般的游戏，其技法的危险性，必然要求习武者要恪守一定规矩。其二，掌握武技的需要。武德教育很大程度上要求有“仁爱”之心和持之以恒的毅力，《河北沧县孟村镇吴

[1] 邹经.《纪效新书》《练兵实纪》总说［M］.北京：解放军出版社，1987:93.

氏八极拳拳术秘诀之谱》的“谱规凡例”中规定：“为师受徒，须先教以仁义，再教以忠勇”，《少林拳术秘诀》规定“苟无恒久耐苦之心，专一不纷之概，师必不收矣”。[1]不进行武德教育恐怕也难以真正学好武艺。因此，传武必先传德，是对师父的要求，也是师父的责任。

7.1.2.3 师者承担父责

师父在传授武艺，教育武德的同时，师父特殊的身份，具有模拟血缘“父亲”的责任，而不仅仅是一个单纯传授技艺者。因此，师父还要担负起对徒弟像对自己孩子一样的责任。如徒弟家里出现困难要出手相助，有些师父对自己看上的徒弟，或认为义子，或随身相伴，不但是“师徒如父子”，甚至是“超出亲生的父子”关系。

7.1.3 师者标准

7.1.3.1 艺高才能为师

学高为师，艺高为师。作为传统武术师父，第一个必要条件就是要有真功夫。

传统武术是一项高技巧性的实艺，很多技术方法通过身体示范才能表达出来，所谓必须“身授”。只是说说，比比划划很难让学习者领悟传统武术真谛，也就不可能传授高超的武艺。即使是一个简单冲拳，一个弹腿，如果初学者不能看到师父的真功实力的示范，恐怕一辈子都不可能理解其精髓。冲拳看似简单，实则是周身体节节贯串，甚至是利用身体内脏的沉坠打出的一拳；弹腿仅仅从外在表现看，无非是一个小腿的屈伸运动，内在是劲起于支持脚，髋关节大幅度拧转，几乎是两髋与正前方成90度拧转角度。这些简单的动作，师父要做到不简单，需要具备高超的技艺，深厚的功力。没有徒弟学不会的动作，只有师父做不出来的动作。所以，传统武术师父首要的条件就是必须具有真功夫，艺高方可为师。

7.1.3.2 德高才能为父

身正为范，德高为父。作为传统武术师父，第二个必须条件就是要有武德。

传统武术各个拳种流派，都对为师提出了具体德性要求。梅花拳在《习武

[1] 尊我斋主人.少林拳术秘诀［M］.北京：中国书店：1990:7.

序·习武规矩十二条》中规定，“凡传教之师，断不可重利轻艺。苟授匪人，败名伤德，明有王法，暗有鬼神……如千银万金，礼若涕唾，岂足以动至圣之心！教师当如是耳。”这里强调的是对为师者的义利之辨要求。其后，对于师的道德要求内容更加丰富，要求做到“人格秉性，坐卧言谈，动作精神，皆与普通之人有异”“不损人利己，不逞自能”[1]。

孙式太极拳名师孙剑云老师在传授太极拳时特别恪守“口德”“手德”，“口德”是说从不言他人长短，手德是与人为善，即使比武也不伤人，点到为止。

事实上，德和技之间有一定内在联系，德高者必定谦虚，不断精进武艺，而技高者会影响到心理品质和行为规范。鹰爪拳、泰拳、番子拳讲“若能以谦抑为言，不夸大，不浮躁，于拳理能津津乐道者，此则养气功夫之表示，而推测其武技亦必高超……夸说自己之技可以横行一方，目无余子者，此种武技教师简直可以说毫无实用，徒自骄矜者，又焉足为人师哉？”[2]

传统武术拳师需要在心理品质、言行举止和待人接物等多方面具备良好的品德，才能做到“身正为师”。

7.1.3.3 理通才为明师

学拳须明理，理通拳法精。作为传统武术师父，第三个必备条件是明理。

其一，要明拳理。传统武术的技术多是长期积累的个人经验，其中很多感受缺乏学理支持，特别容易形成“照葫芦画瓢”而不知其所以然，结果出现苦练功，不长功，其主要原因就是拳师自己不明白其中道理，难以指导徒弟。民国初期的孙锡堃在他的《八卦拳真传》一书中曾总结其初学的数年中一直难窥武道门径，其主要原因就在于他“无人指点，不明拳理之故”。“由明师而知真谛”，如“无明师之善诱，其成功亦难希能冀也”；但若师无善诱之能，也难以担当“善传术者”之责，终使习武者“奈朦于云雾一望无际而不辨彼岸”[3]。

其二，要懂教学理。传统武术拳师不仅要懂得拳术之理，还要懂得教学的原则和方法，最为主要的是能因材施教。由于每个人的身体素质不同，理解力不同，各个拳种不同，各项技术不同，教好徒弟不懂因材施教和有效方法也就不是好师、明师。梅花拳《习武序·习武规矩十二条》中指出：“凡入教习武之士，

[1] 周伟良.传统武术训练理论论绎［D］.上海：上海体育学院，2002:28.
[2] 陈国庆.鹰爪翻子拳［M］.石家庄：河北人民出版社，1986:382-383.
[3] 周伟良.传统武术训练理论论绎［D］.上海：上海体育学院，2002:23.

（应）谅其身之强弱，人之雅俗。”重视因人施教。

作为一名传统武术的师父，不但自己要有良好的道德情操与高超的武技水平，还要懂拳理，明教学方法，具备德艺双馨品格才能成为一名明师。

7.2 徒弟承艺弘道

7.2.1 徒弟如子

7.2.1.1 徒弟不同学生

现代教学体系下，一般把知识的传授者定义为老师，知识的学习者定义为学生，老师与学生丝毫看不出来是否具有血缘宗亲关系。传统武术在以模拟血缘关系为机制的文化背景下，形成了与“父”同构的师和与“儿”同构的徒，如人们习惯上称呼的“师父”“徒儿”“徒弟”“弟子”。

徒是一个会意字，金文的徒字，左边是表示道路“彳”，右边上边为土，下边是一只脚趾，三形会意，表示行走在黄土飞扬的大道上。其本义为步行，又泛指跟从之人。弟是“韦束之次第也”，字形是一根木桩上面缠绕着绳子的样子。后借为兄弟之“弟”，又通悌。

徒弟，字义中含有带血缘关系的跟从之人之意，对应的引领之人为师父。

现在传统武术的传承中，民间习武群落中也通常称“老师”和“学生”，即使是称“师父”和“弟子”，但是，如果没有相应的拜师仪式和实质的认同，都不能算作真正的徒弟。

7.2.1.2 徒弟不同等级

传统武术拳种流派的弟子按照与师父关系的远近程度有不同层次和等级。

一般分为望门弟子、入门弟子、入室弟子，这个分法预示了“家”的概念，如同由远及近回家的过程。望门弟子是初学或者未得到师门认可，尚在本拳种门派之外，在传授武艺上，通常只是学一些一般性套路、功法，师父并不教本门的绝技功夫，这时的“徒”尚未正式收录门谱登堂入室，故只算为“一般弟子”，或者“学生”。入门弟子，则代表已经得到师父认可，成为门里人，在教授武艺上更深一步，在初级套路、功法上，会“解拳”“拆招”，逐步了解本门的核心技法，掌握更高层次的功夫。入室弟子，就等同于自家人，《晋书·杨轲传》中说："虽受业门徒，非入室弟子，莫得亲言"，开始传授本门武艺绝活，师父会在入室弟子中选拔衣钵传承人，倾囊相授。传统武术拳种流派的拳师一般守艺很紧，视武技奥义为枕中鸿宝，固守"包藏赛如金""生平得力手法，非相习久而相知最深者，不可轻于相授"[1]。甚至都不肯轻易示人，据河北肃宁番子拳传人靳万发讲述，番子拳的站桩番8手，只有当入室弟子代表本门与其他门派比武时，师父才讲解"铁翻杆"用法。不仅民间习武群体如此，少林寺在收徒问题上也有区分，只有当师父赐以法名，被列入七十字辈，才算正式的少林皈依弟子，诸多技理、功法，非皈依弟子不传。

7.2.1.3 徒弟担子责任

传统武术的徒弟，一旦进入本门，成为正式弟子，特别是入室弟子，就与师父形成一个以拳技为纽带，模拟血缘关系的"家庭"，师为父，弟为子，平辈弟子之间，都是以"师兄弟，师姐妹"相称，对长辈，都是"师爷、师母、师叔、师大爷"尊称，俨然就是一个武术家庭。权力与责任相等，徒弟在享受孩子的待遇的同时，也要承担起子女的责任。中国传统社会信奉"养儿防老"，因此，徒弟在师父年老体衰时，义不容辞要赡养师父，甚至要做到"养老送终"，这在传统武术界是一个普遍现象。

7.2.2 择徒标准

7.2.2.1 拳种入门要求

传统武术各拳种门派，都非常重视选择徒弟，有"师找徒弟三年"之说，意思是好徒弟难寻，这涉及师父一生心血功夫和本门拳种是否能够代代相传，香火不断，发扬光大的责任和任务。因此，各家拳种都有入门为徒的具体要求。

清初黄百家的《内家拳法》，明确规定"五不可传"："心险者，好斗者，狂酒者，轻露者，骨柔质钝者"不传。

清代"杨氏传钞太极拳谱"中列有"八不传五可授"："第一，不传不忠不孝之人；第二，不传根底不好之人；第三，不传心术不正之人；第四，不传鲁莽灭裂之人；第五，不传目中无人之人；第六；不传无礼无恩之人；第七，不传反复无常之人；第八，不传得易失易之人……传忠孝知恩者，心气和平者，守道不

[1] 尊我斋主人.少林拳术秘诀［M］.北京：中国书店：1990:18.

失者，真以为师者，始终如一者。”[1]

编者收集的《螳螂拳谱（上卷）》记录“拳术十诫”：“强横无义者不传，求教不诚者不传……”，这些门规戒律就是对择人收徒的要求，其中明显带有“道德选徒”的意义。但是，传统武术毕竟以提高技击格斗能力为主体价值，因此，不仅仅只有道德上的约束，更需要良好的身体素质和优良品质相互促进，共同构成对徒弟的要求。

7.2.2.2 身体方面要求

传统武术的核心功能是技击，如果没有相应的身体条件为基础，当然也不可能掌握真正的功夫，更难登堂入室。选择合适的传人，表象上，它似乎近于当代体育运动训练中的运动员选材，但当代的运动员选材一般主要考虑的是所选之材本人的各项生理、心理指标，遗传因素及技术训练上的可接受能力等，与传统武术训练中的择徒，在理念、方法、手段、特点、内外形态等方面显然存在着很大的差异，见表7–1。

表7–1 传统武术与当代运动员选材比较

项目	传统武术	一般运动
理念	身心训练：身心合一，心意诚于中，肢体形于外	体能训练：身体形态、机能、素质、充实度
外形态	筋、骨、皮、10种身型	高度、长度、围度、宽度、
内形态	心、意、气、神	心脏纵横径、肌肉横断面
机能	身力、胆力、心力	各器官形态功能
素质	基本功（素质）：腰、腿、鼎、桩	力量、速度、耐力、柔韧、灵敏
特点	整体练习，混元一体	分解练习，量化清晰
手段	抻筋拔骨，站桩发力	柔韧训练，负重力量

传统武术在选择徒弟方面，积累了丰富的实践经验。在身体外形方面，总结了身形与字形。

（1）气：体形不正，身体歪斜，一边大一边小；

[1] 沈寿.太极拳谱［M］.北京：人民体育出版社，1991:190–191.

（2）甲：头大，躯干粗大，腿脚小；

（3）申：两头尖，头小，肩窄，肚大，腿粗；

（4）由：头小，肩窄，肚大，腿粗；

（5）同：身体粗壮，力量雄厚；

（6）天：身体瘦长，四肢匀称；

（7）贯：肩宽，臂长，身体匀称；

（8）日：身体较短，粗壮有力。

在心意六合拳中把身型与十大动物型匹配，选择不同人专攻某一形。

由鸡：肩窄臀大，车轴汉子；

甲鹰：肩宽臀窄，倒三角汉子；

目虎：身体长条形，门板汉子；

高马：人高大，高个汉子；

矮燕：矮短敏捷的敦汉子；

胖熊：膀大腰圆的圆壮汉子；

瘦猴：瘦小灵活的小条汉子；

干蛇：下肢力量好于上肢，瘦干汉子；

虚龙：上肢力量好于下肢，虚大汉子；

申鹞：两头尖屁股大的菱形汉子。

传统武术选材对内，重视精满、气足、神旺，与一般运动相比较更重视先天素质的机能，不单纯看肌隆、骨硬、力大等指标。上面提到的《内家拳法》和《杨氏传钞太极拳谱》中所言不传“骨柔质钝者”“根底不好之人”，即是指这方面的内容。《少林七十二艺练法》中对少儿与成人之间的生理、心理差异作了如下比较，“盖幼童天真未凿，除食宿以外，胸中毫无顾忌及一切杂念。且幼童纯阳之体，疾病也少，心专志一，气足神充，习各种功夫，较老（成）年人易成功也。如成人以后，内蕴六欲，外感七情，脏腑诸官，或因是发生变化，外魔内邪，相逼而来，练功殊非易事”，因而提出习练功夫“须注意年龄”[1]。

传统武术的择徒，因人而异，因拳种不同而异。如，南拳：“身高足长者，学习腿击法，以长击短为胜；身短者学习闪避反击法，避重就轻，乘虚而入

[1] 曹文修.少林七十二艺精选[M].太原：山西人民出版社，1988:7.

取胜；肥者学习技手桥马法，以静制动取胜；身瘦者学习跳跃轻身法，以快取胜”。具体情况，“视其门徒体魄而分授之”[1]。劈掛拳要求习拳者长胳膊长腿，手大脚长，因为劈掛拳放长击远。传统武术甚至为身体不够健全的人都提供了可选择的拳种和内容，因此，传统武术对身体的要求并不是唯一标准。王芗斋曾在《拳道中枢》一文中指出，光凭身体条件的“得天独厚，不得以代表拳学也”。“跛子拳”，又名跛脚拳，根据跛脚者的练拳形态而创编的套路。“独臂拳”，取材于家喻户晓的“武松独臂擒方腊”的故事。身残同样可以从事传统武术训练，当然这需要通过坚强的意志品质和特殊训练来弥补身体条件的不足，才能达到“苦恒出高手”的目的。

7.2.2.3 心理方面要求

传统武术择徒在心理方面极其重视人的品德和悟性。民间武谚中常说的“未习武，先观德”“学拳宜以德行为先”，恪守“得其人乃传，非其人勿言”，宁可失传，不可乱传。

不管是内家还是少林，不管是太极还是梅花，各拳门无一不把道德要求视为择徒的首要条件。

“悟性”是指建立在直观体验基础上的非严格逻辑推理的心智认识能力。传统武术常讲“师父领进门，修行在个人”“只能意会不能言传”。各家拳谱有言“变通活泼之妙，非口传心授何以曲尽”“法术规矩在假师传，道理巧妙须自己领会”“出于心灵，发于性能”“敏捷英勇之资，尤为学者所必备之根本要件，否则恐难得传，即使传之，则亦难能得其神髓”“愚者教之何益”等。

传统武术择徒较为重视“悟性”，甚至有人在择徒标准中规定，“凡反应迟钝，智商不高，无前途者不教”。当然，不同的价值诉求对择徒要求不同，对于希望达到武学顶峰的人而言，悟性不可少。

7.2.3 拜师程式

7.2.3.1 拜师的介绍人

传统武术的拜师是一个完整的体系。首先需要介绍人。介绍人在北方的许多拳种中被称之为“引师”，或曰“接引师”，又名“引进师”。介绍人是连接

[1] 周焜民.五祖门研究[M].北京：紫禁城出版社，1998:44.

师父与徒弟之间的媒介，介绍人一般都是与师父是熟人、师兄弟、亲戚等关系；与要拜师的人一般也有一定关系，甚至是自己的孩子，或者是自己对该人比较了解，所谓“知根知底”才愿意做介绍人。而师父正是因为与介绍人的关系，信任介绍人，相信被介绍的人，才肯收徒。

有些特别讲究拜师仪式的拳种如梅花拳，还专门设一位“送师”，即负责把由“引师”介绍来的弟子，送到拜师场所的人。拜师时引师必须到场，有送师的，送师也必须到场，这就是所谓的“三师在位”（引师、送师、师父）。南方拜师中对于介绍人也有专门的名称，像莆田、泉州地区有叫“引师”的，也有叫“中间人”的。

7.2.3.2 拜师贴的要求

拜师过程中作为“契约”的保证和证明的就是拜师贴。按照习惯，这种拜师帖又叫“门生帖”。拜师帖的内容简繁不一，但格式大体相同，一般写有拜师者的姓名、师父的姓名，有的还要写上介绍人“引师”的姓名，以及拜师的年月日。内容详细一点的还要写上拜师者的籍贯、年龄、生辰八字，以及表示进入师门后坚决敬重师长，遵循门规和恪守武德之类的话。帖子一般是一式两份，师徒各执其一，也有的一式三份，“引师”也有一份，以示郑重。

有些拳种对择徒要求很高，即使是已经拜师的入门弟子，也不轻易承认。因此，还多了一道“回帖”，在经过一定年限考验，确认该弟子可以真正进入本门，甚至是唯一承接本门的下一代掌门人，师父回以贴，在贴上有师父认可的语句、盖章或按手印。日后在众多弟子中，谁有师父的回帖，才能够真正证明自己是得到师父认可的能够代表师父水平和本门功夫的传人。

7.2.3.3 拜师入门仪式

拜师要举行一个正式的仪式。拜师时邀请同门以及其他门派代表人物参加，仪式庄重严肃，最能体现几分神圣的是磕头拜师。磕拜前要点香燃烛，先向师祖遗像（也可牌位、贴式）和师父跪下，或是拜师者当众念读本人在拜师帖上所写的种种誓言。

立誓发愿毕，即向师祖磕拜，随后向师父（师母）跪磕（亦有个别例外，如回族弟子只行鞠躬礼）。

此时，通常也邀请与会的前辈发言祝贺，最主要的师父训诫，给拜师者讲述一些本门的各种规矩要求和一些勉励的话。这个过程结束，严格意义上的“师徒”关系也就正式形成，同时也意味着拜师者已被正式收录在本门的谱系之内了。但是，如上段所言，有的拳派尚需要师父的回帖，才能最终确定自己在师门的地位。

说到谱系，不少拳种都有自己本门的字辈排列，如少林寺弟子是按元代福裕大师所立的曹洞宗七十字辈排列，梅花拳的字辈是按“龙门派百字丹诀”排列，万籁声所记的六合门为“仁厚尊家法，忠良报国恩，通经为世用，明道守儒珍”二十字辈。

7.3 师徒传承文化

7.3.1 师徒制度

7.3.1.1 师徒制的定义

在中国传统农耕社会中，师徒制几乎是所有文化艺术门类传承过程中的一个普遍现象，戏曲、杂技、相声等各个艺术门类都是奉行师徒制，而且具有共性，这是一切有历史跨度的、以经验认知为主导的技艺得以传承的重要制度保证。

传统武术的师徒制在传承的技艺方面不同于其他艺术门类，也具有自身的特点。传统武术的师徒制是指以习武为核心，以模拟血缘（或亲血缘）关系为纽带，以师与徒共同组成家庭为形式的一种社会活动方式。

7.3.1.2 师徒制的内涵

传统武术师徒制的内涵是以“武”为核心，模拟“父子”关系作为情感的基础，而以家庭形式作为一种习武共同体的组织结构，由此表达了师徒制的内涵。模拟血缘，其实有时就是血缘关系。比如，一些拳种的代表传人就是有血缘关系的孩子，一般受“传男不传女”思想影响，多选择儿子为继承人。

7.3.1.3 师徒制的外延

作为一种社会活动，传统武术的师徒制在活动空间方面，有各种拳房、拳社、拳团，也有就在自己家里传授的形式。在身份确认方面，有的拳种按照进入师门的先后顺序确立“师兄弟”关系，先者为大，后者为小；也有按照在师门中的生理年龄确立关系，岁数大者列前，年龄小者为弟，一般不会按照功夫高低定顺序。可见，师徒制本身也有其“长幼尊卑”之别。

7.3.2 文化内涵

7.3.2.1 家庭式凝聚性

“家”是中国传统社会的最基本单位，“家”也是中国人内心情感的寄托。传统武术以师父为中心，模拟构建一个“武术”家庭，形成了纵横两个矢向的人伦关系网络。在纵的这个矢向上，可以分为具有明显父系血统特点的长辈和小辈，长辈如师祖、师父（师母）、师伯、师叔等，小辈如徒弟（儿）、徒孙、师侄等；在横的矢向上，则是指平辈之间的师兄、师姐、师弟、师妹等。

这张错落有致、辈分有序的人伦关系网，把拳门中所有的人都团聚起来，使任何一位进了门的习武者，都可在这张网上寻找到自己具体的位置，以便履行自己的权利和义务。

7.3.2.2 家长制定位性

武术之家同样具有中国式血缘家庭的特性。“师徒如父子”确定了父亲的地位不允许撼动，“遵师命，守师训”不容置疑，而同辈的各自位置和权力也是固定的，同样具有家长和家庭赋予的地位和权力。“大师兄具有代表师父”的权利，师弟听从师兄似乎成为必然。将“家规”逐步转化为个人自觉的内心意识，能够维护群体的稳定与发展。

7.3.2.3 家父式认同感

父亲是家的“天”，因血缘或父亲的劳动力，父亲成为家庭成员的“自然认同”，绝对权威。武术家庭，因师父的技术权威，被弟子高度认同，否则，难以维系师徒关系，不可能传承拳种香火。因此，师徒制重要的作用是保持弟子对师父强烈的价值认同。其实，世上哪里有十全十美的人，师父同样会有错误，但是，传统武术师徒制坚信“只有不是的徒弟，没有不对的师父”，一句话说出了对师父价值的绝对肯定。

7.3.3 批判继承

7.3.3.1破除唯师唯争

师徒制最容易导致的弊端之一，唯师是从。凡是师父所言就对，凡是师父所做就好，凡是师父指令就做，结果是师父说的话不能改，师父传的套路更不能动，无原则的“守旧”，极大地影响了传统武术的发展。20世纪50年代创编的24

式简化太极拳，在当时就受到了一些人的反对，认为不能改编传统太极拳套路，事实证明简化24式太极拳获得了巨大成功，成为全世界的首选太极拳项目。弊断之二，唯利是争。不同拳种门派之间，互相争谁是内家，谁更厉害，谁是武林盟主；同一拳种内部，争正统、争嫡传、争掌门；武林界互不服气，互相嘲讽，互不认同，意拳宗师王芗斋先生曾明确指出："门派之争，常以师徒制之流行而益烈，入主出奴，纷纭扰攘"。为此，他力主"解除师徒制"，"以期逐渐扫除门派之观念"，建立一种新型的"尚精神、重感情"的传承关系。

师徒制确有弊端，但是也有可取之处。

7.3.3.2 继承真情凝聚

传统武术的师徒制是血缘宗法文化的反映，以习武为纽带，通过对武术武艺的认同而自愿结合起来，形成一个充满人情味，具有"武术源于中国，属于世界"情怀的武术大家庭。师徒制可以让全世界的武术爱好者进入武术的殿堂，列入传承谱系，在这个"武术大家庭"中找到自己的位置，感受情同手足的友情，共同传承中华武艺，传播中国文化，使人们更健康、更幸福。师徒制开创出一种别样的教育模式，而不是单一的"班级授课""师生关系"，这正是师徒制的当代价值。

7.3.3.3 继往开来创新

传统武术师徒制，从历史的深处走来，虽然有其历史局限性和弊端，但是，作为传统武术训练的一个起点，师徒制一方面体现为对传习双方有不同的要求，一方面作为活动载体又表现出自身的文化价值，这种价值具有坚韧的生命力，至今仍有着重要的影响。

文化的生命力在于自身的自洽性是否强大。传统武术师徒制在一种相对闭环的文化空间很好地保留和传承了数以百计的优秀拳种，为人类文化的多元化做出了贡献。刚猛快速的少林拳，柔和缓慢的杨式太极拳，快慢相间的陈式太极拳，硬打硬进的形意拳，围圆游走的八卦掌，两臂如斧的螳螂拳等各拳种在保持自身文化个性的同时，不断吸收其他拳种精华，自我更新，自我发展，这都得益于师徒制的保障。

老师如同父亲，学生就像自己孩子，传授的不仅仅是一拳一腿的技术，更是超越家庭的血缘关系，跨越国界民族籍贯的人类身心智慧——中国传统武术文化。

传统武术具有鲜明人伦色彩的师徒制，至今在广大民间的习武群落中传承，也得到世界各个国家越来越多武术爱好者的认同，有着深厚的文化土壤和文化发展前景，面对人类如此丰富的文化财富，我们需要做的是在肯定以人格平等为基础的尊师敬长、和睦师门的同时，坚决摒弃那种唯师唯争的人身依附关系和森严的宗法等级制度，以及由此而产生的拳门之间的文化心理距离。

8 中国传统武术新思考

8.1 传统武术问题

8.1.1 传承瓶颈

8.1.1.1 技术传而不统

中国传统武术许多拳种本身在传承过程中就有断续之处，从功法、拳法、用法的技术体系看，有的拳种少功法，重用法，有的则只传拳法套路，缺功法，甚至有的拳种没有套路形式；按照“势、法、理”的拳种体系审视，则技术与理论脱节情况突出，一些拳种的理论体系不完整，不深刻，所谓的拳理多是一些传说的故事，穿凿的阴阳五行，附会的经络穴位之说，缺少严格意义上的拳种拳理。这充分说明明清以来逐渐形成的拳种本身存在不成熟、不平衡的问题，即使已经较为成熟的知名的拳种同样有不系统的问题。仅就传统武术拳种的套路而言，记载的与流传的，原创的与保存的都有相当大的出入，以至于不少正宗传人也不得不广罗散失的套路，如北京牛街白猿通背传人胡绍光讲：“……怕这拳法失传，我们挨个拜访了上辈传人……”，现在仍有相当一部分人还在苦苦寻求失落的传统武术套路，且不说其意义大小，反映的是传统武术本身存在的问题。

8.1.1.2 内容统而不全

1982年进行的全国大规模武术挖掘整理工作，所谓的“自成体系”的拳种131种，根据挖掘整理而汇编的《中国武术拳械录》（1993年）实际记录了71个较为完整的拳种，真正落到操作层面而不是纸面的拳种并不多。值得我们警醒的是这种现象今天还在发生，以北京体育大学的武术专业大纲为例，1992年《武术专业教育计划与教学大纲》规定了查拳、查刀、查枪、八极拳、陈式、杨式、吴式、孙式等24个拳械内容，到2017年执行的大纲只有15项，而且时数少，功法缺，用法无，划套路，记不住。对2000级武术学院学生毕业前的专项统计显示，记住整套套路人数最少的是十路弹腿和吴式太极剑，十路弹腿占3%，吴氏太极剑占9%，77%学生认为八卦掌教学时数少，在套路练习时有97%的同学认为应该增加动作攻防练习。

8.1.1.3 教学训练不清

时代在变化，传统武术倒是逐渐走出了“秘而不传”“不传外姓”的禁锢。曾经一段时间，个别民间拳师有言“太极十三杆，一杆五万元也不教外国人”的现象不多见了。转而，一些民间传统拳师甚至以教外国学生为荣，不收任何费用。可是，单一的“师父带徒弟”式的教学形式，多以完整教学方法为主，“师父有什么教什么”，“师父想教什么就教什么”，传统武术特有的“内劲”“内意”等说不清楚，教不明白，短时间内难以收到教学效果。如，世人都说太极拳好，“用意不用力”“以气运身”“放松自然”“行云流水”。可是，在教学上，不知意为何物，更难体会气，做不到“四两拨千斤”，甚至出现练习后膝关节疼痛，结果是不少太极拳练习者转而练习瑜伽、健身气功或者其他体育项目了。

传统武术训练缺少必要的时间保证和有效运动负荷的内容，原因之一是传统武术技术被肆意裁剪，原本的套路和练功程序被简化或省略。如，传统88式杨式太极拳套路，被逐渐简化为48式、24式、16式、8式，看似适应社会快节奏生活需要，实则在没有科学运动负荷保证的情况下，训练功效大打折扣。研究显示：一套5分钟的24式简化太极拳，一般中年习练者的能量消耗最大值5.02kcal/m，最小值1.88kcal/m，平均值2.83kcal/m，以《体力活动概要》的推荐每周需消耗1000kcal达到健身效果为标准，大众健身24式太极拳科学健身运动负荷量男、女性分别为61.38遍/周、74.69遍/周；从达到健身效果所需要的时间上来说，男性每天平均需要花费的时间是43.84分钟、女性53.35分钟，如果仅仅练习一套24式太极拳，显然运动强度较低。而且，必要的太极拳功法被组成套路动作的简单分解练习代替，没有功的保障，拳沦落为操。因此，教不明、学不乐、练无效，自然使一些怀揣着健身和防身目的的人们认为传统武术失效。

8.1.2 标准不明

8.1.2.1 标准影响传承

现在留存的传统武术拳种的技术体系，存在体系要素不全、技术内容庞杂、套路重复、功效低、动作标准不明等困境。一方面，我们为传统武术技术体系内容失传惋惜，另一方面，我们反思其技术体系，为什么失传？除了社会客观条件，传统武术技术内容本身的庞杂、低效、标准缺失恐怕是主要内因。很多传统武术习练者终其一生，都是以师父说的对错为标准，有的师父不是以技术正确与否判断弟子的水平高低，而是出于某种主观目的。

8.1.2.2 继承多少悖论

一方面，当代武术人，不停地在编各种功法、套路；另一方面，传统武术拳种的套路在大量流失，出现一种新编多，继承少，重复内容多，真正创新少，低效重叠多，高效种类少的悖论。

20世纪50年代，原国家体委组织专家创编了初级拳、乙组拳、甲组拳、刀、剑、枪以及24式简化太极拳等套路，90年代后又编了馆校、国际、竞赛、段位制等大量套路，在学校武术中更是不断创编套路。2009年前后新编的《中国武术段位制》套路，以“打、踢、拿、靠、摔”5种技术元素，统一编制长拳、少林拳、太极拳、形意拳、八卦掌、通背拳、戳脚、翻子拳、八极拳、螳螂拳、五祖拳、咏春拳12个拳种[1]的六个段级套路，采取了“既可以单练，又可以对打，还能实战”的模式，保留了套路特色。但是，让擅长“打”的拳种也去“踢”，是否忽视了拳种的特色，值得深入探讨。传统武术拳种也存在新编与继承平衡的问题，常常是围绕套路打转转，《吴氏开门八极拳》（日语版1991年）记录的小架式，原本只有16个动作，逐渐演化出4路，1路30个动作，2路44个动作，3路46个动作，4路53个动作。查拳体系，有正拳10路，副拳10路，不少传人感叹“我学的不多啊”，同时也无奈地说“太多记不住”。

8.1.2.3 无标缺准失宠

由于传统武术没有清晰的练习标准，一些拳种出于不同目的，重复低效内容增多。如少林拳系中雷同套路更多，有些套路大同小异，除了满足个别传统拳师养家糊口教拳的需要，实际演练价值值得商榷。而且套路之间缺乏内在的逻辑关系和不同的练习主旨，动作缺少客观可量化的标准，难以准确记忆，没有规范的技术晋级机制激励，再加社会客观条件限制，致使不少几经拳师苦心创编的套路，在习练者看来重复累赘，渐渐失去了学习的兴趣。新编的段位制套路，有了明确的段级，套路动作标准，考核程序等一定程度上推进了武术标准化。值得思考的是，对于已经具备一定传统武术拳种水平的师徒们，感到新编的内容与他们习练的不同，从而产生了“抵触”情绪，不愿练新编的套路，即使练也是为了应付考段，并未真正在民间习武群体中传播。对于希望即将进入某拳种学习的初学者而言，首先是面对数十种段位制拳种难以选择，选择了也没有学习的地方。其

[1] 中国武术段位制系列教程（长拳）武术[M].北京：高等教育出版社，2010:1.

次，面对逐渐进入中国市场的空手道、跆拳道、剑道等项目，突出的“武”和“礼”，漂亮的服饰，成熟的晋级制，甚至是奥运会项目，时尚和传统兼具的巨大吸引力，使其转而学习其他项目。最后，已经在大学生中出现的传统武术：近年来也受到来自跆拳道等项目的冲击，大有“被跆拳道踹出都市时尚”乃至学校的危机[1]。如果趋势扩散，会不会波及更大范围呢？值得我们思考。

8.1.3 舆情失信

8.1.3.1 宣传报道不当

随着互联网快速发展，社会已经进入全媒体时代。融媒体使不经意之间的一场徐雷“约架”，一段闫芳太极推手视频，一次“太极大师被KO”通过网络等多媒介迅速波及世界。各种对抗比赛，一龙与泰拳对抗，中日散打与空手道对决，各种搏击赛事，特别是一些综合格斗项目叫阵中国传统武术，直接影响到了世人对太极拳乃至传统武术技击性的认同。一时间，传统武术在影视作品，小说中的“天下无敌”被人们深深地打上了问号，甚至撕裂了传统武术的技击价值，人们对传统武术投去了怀疑、迷惑的目光，追问传统武术究竟能不能打？是不是花架子？闫芳的推手被央视新闻评论员白岩松称为“熟人间的游戏”，甚至有人评论《六十年来，中国功夫心心念念，只想变成体操》，传统武术的技击功能信誉在失信。

8.1.3.2 赛事成色不足

传统武术巨大的市场为一些人看重，一时间，冠以“国际”、甚至“世界”名头的各种各样以传统武术为主体的以太极拳居多的比赛，文化节等在香港、澳门、内地甚至海外频频举办，几乎每年每月都有赛事。然而，常常出现“国际”比赛不见“世人”几乎是清一色的“国人”，经常为了“门面”邀请几个在华留学生撑门面，对国际运动员全部免费，比赛的真正目的何在？比赛的含金量在哪里？而且，美其名曰“传统武术”，各种各样的传统武术比赛，包括全国最高水平的传统武术锦标赛，由于缺乏传统武术训练支持，没有明确传统武术规则指引，轰轰烈烈的传统武术比赛，实际是掺杂着当代竞技武术的翻版，或者是没有规范的传统武术无序展示。在2017年11月18日–21日的第六届厦门国际武术节

[1] 武冬，吕韶钧.高等学校武术课程体系改革研究[J].北京体育大学学报，2013(03):93.

上，作为裁判员，编者目睹了一大批传统武术拥趸，练的传统南拳身形歪斜，面目狰狞，喊叫失声。其中包括为数不少的广大青少年的传统武术练习者，看了深感惋惜。

8.1.3.3 自诩大师不少

近年来，武林乱象频繁发生，主要表现为武术自创门派、约架、自封掌门、假大师、山寨版国际武术赛事层出不穷等现象[1]。传统武术拳种流派也与日俱增，特别是健身市场看好的太极拳，冠以某某太极的各种流派近几年似乎一夜之间如雨后春笋般凸显，各种名目的武术节接连不断，各种名称的冠军遍地可见，令媒体不知所措，传统武术的声誉渐失。

8.2 传统武术反思

8.2.1 反思思想

8.2.1.1 不自信而西化

自从1894年甲午战争之后，“船坚”冲破国门，“炮利”轰蒙国人。一时间，拥有千年农耕文化积累的中国人，产生了强烈的“救国图存”意识，于是有了“五四”新文化运动，高喊“德先生”“赛先生”，“打倒孔家店”的呼声四起。从学习西方科技到文化哲学，“中西”的“体用”关系争论不休。事实上，西方工业革命的现代化进程的确带给人们看得见的科技进步，“洋火”“洋车”“洋片”“洋装”成为时尚生活，使得一些国人变得比西方还西方，在很大程度上丧失了应有的文化自信心，一度崇洋媚外，外国的月亮比中国圆成为一种普遍心态。

8.2.1.2 太自信而固化

与完全西化不同的是，一部分人固守“祖宗家法不变”的思想，坚守传统文化，就是不剪“辫子”，即使以身殉道，也不接受外来“洋货”，坚持“国学”，甚至认为“吾国固有之文明，正足以救西洋文明之弊，济西洋文明之穷者”“西洋文明浓郁如酒，吾国文明淡泊如水；西洋文明腴美如肉，吾国文明粗

[1] 高贯发，武冬.武林乱象之学理分析[J].吉林体育学院学报，2019，35(02):94.

粝如蔬，而中酒与肉之毒者，则当以水及蔬疗之也”[1]。东西两派在五四期间就发生过激烈的碰撞，结果在器物层面的先进性让多数国人看到现代工业化社会的便利，自然有一种西风压倒东风的感觉。

8.2.1.3 审视中西文化

中西方文化是在不同地理和人文环境产生与其生存相适应的习惯样态，有各自存在的条件和优劣势，需要保持足够的理性和自信心去分析和继承。中华文化是人类精致农耕文化的代表，西方文化是工商文化的代表，不同历史时期产生的作用不同，我们应该清醒地看到两种文化的各自优劣。

西方的哲学科学思维，重视严格逻辑，产生分科之学，分科的结果是越来越细，忽视了整体；中国的技艺思维，重视直观体悟，甚至是灵性，强调整体，不分解，缺少分解的清晰和量化的标准。

人们享受着西方近代工业文明带给我们现代化生活的同时，不容忽视的问题是面临着资源枯竭，生态环境污染、人口危机、战争危机、科技危机、信仰危机、社会道德危机、气候危机等。长期的半封闭农耕生活，促成儒道释融为一体的寡欲俭吝、自然无为、尚和反战、伎巧奇物、尊道贵德、道德教化、修齐治平、天人合一的思想，这些思想在解决当代人类危机中的作用，值得我们重新思考。

8.2.2 传武优势

8.2.2.1内容体系丰富

传统武术的主要存在载体是拳种，戚继光在《纪效新书》中所言：“皆今之有名者。虽各有其所长，然传有上而无下，有下而无上，就可取胜于人，此不过偏于一隅。若以各家拳法兼而习之，正如常山蛇阵法，击首则尾应，击尾则首应，此为上下周全，无有不胜”[2]。单独看某一个拳种就出现了“偏于一隅”，各个拳种都存在长与短。但是，如果从拳种整体上看，其种类、技术、练习方法、运动形式、锻炼部位等都充分体现了内容全面、体系完整的特征，见图8–1。

[1] 张立文等.传统文化与现代化[M].北京：中国人民大学，1987:347.
[2] 马明达点校.纪效新书[M].北京：人民体育出版社，1988:308.

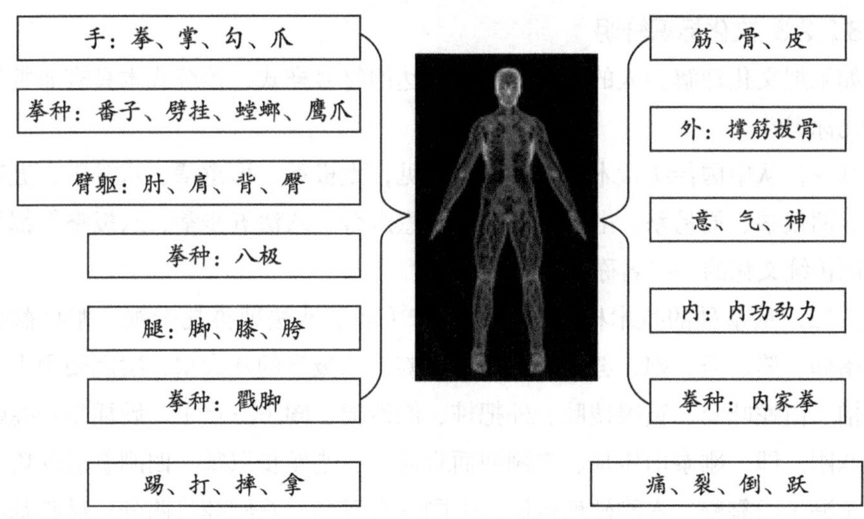

图8-1 拳种特征

传统武术拳种有131种之多，技术涵盖踢、打、摔、拿、击、刺等几乎囊括了人类所有的技击方法，练习方法仅仅少林拳就有72艺[1]。运动形式套路、功法、格斗有机统一，锻炼部位既练"筋骨皮"又练"一口气"。此外，传统武术存在大量的兵器武艺，很多尚没有纳入某个拳种，还有难以完全统计清楚的套路、练功方法等，用博大形容传统武术名副其实。

8.2.2.2 功能作用多样

功能是指对象能够满足主体某种需求的一种属性。传统武术的丰富内容体系，必然会产生与之匹配的功能。传统武术主体的功能是技击作用，防身自卫价值，随着时间推移，社会变迁，技击功能发生变化，其健身功能日益受到重视。同样的健身功能，传统武术又形成了方法多样、手段独特、功效突出、理念鲜明、适用广泛等一系列中国特色。传统武术与道家、儒家、禅宗等传统文化的有机集合，又具有养性的功能，对人的精神品质，性格思维都有明显的影响。传统武术是武化的育人过程，具有不可取代的教育功能。传统武术的套路以及格斗具观赏性，当今功夫电影已经是世界公认的文化品牌。总之，传统武术具有技击防身、健身强体、修身养性、娱乐身心、竞技观赏、产业经济、影视文学等多种作用，几乎在各个领域都能发挥着不可替代的功能。

[1] 裴锡荣，吴忠贤.少林七十二艺与武当三十六功［M］.北京：人民体育出版社，2001:2.

8.2.2.3 文化标识鲜明

如果把文化理解为人的行为习惯，表达的符号样式，传统武术具有非常明显的文化标识性。

其一，从中国传统武术的拳种名称可见，太极拳、形意拳、八卦掌、五行通背拳、两仪拳、周易拳、七星螳螂拳、心意六合、八法五步拳、八极拳等都是源于中国传统文化的一些名称和范畴。

其二，从拳种的技术构成看，八卦掌（拳）八法即推托带领、搬拦截扣，八掌指仰、俯、竖、抱、劈、撩、挑、螺旋；八极拳的八大招，猛虎硬爬山、野马撞槽、白蛇吐蕊、黄狼搜肚、外把桩、漂沙腿、阎王三点手、硬插手；螳螂拳讲究八刚，即一刚泰山压顶、二刚迎面直通、三刚顺步双掌、四刚叠肘硬攻、五刚铁（贴）门靠壁、六刚硬崩伏底、七刚左右双捆、八刚摔将两分；戳脚基本八种腿法，即八根，丁、踹、拐、点、蹶、错、蹬、碾；形意拳的主要打法，即软硬八手，展、截、裹、胯、挑、顶、云、领等都是源于八卦学说的统摄。特别是太极拳的八法“掤、捋、挤、按、採、挒、肘、靠”与八卦匹配，见图8–2。“进、退、顾、盼、定”五步（身）法与五行对应，见图8–3。通背拳的“摔、拍、穿、劈、钻”五行掌同样源于五行理论阐释。形意拳的“劈、钻、崩、炮、横”五行拳与“金、水、木、火、土”五行学说对应。

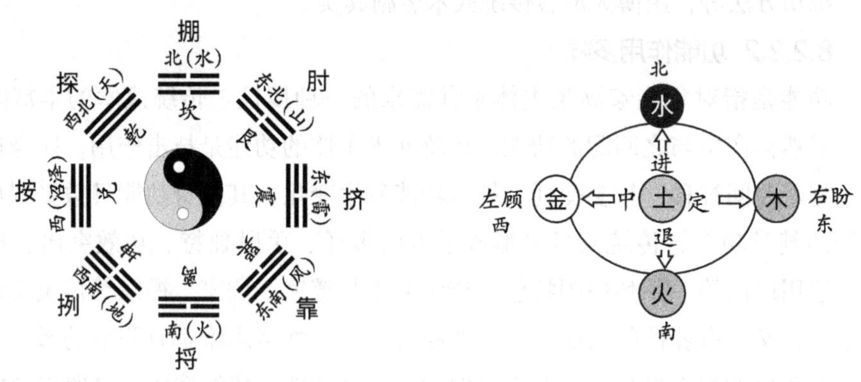

图8–2 太极拳八法与八卦

图8–3 太极拳五步与五行

其三，从传统武术的运动原理看，按照八卦及五行的生克制化原则，指导传统武术的运动方法，如太极拳的八法之间的相互克制，形意拳五行拳的可攻防转化，见图8–4。

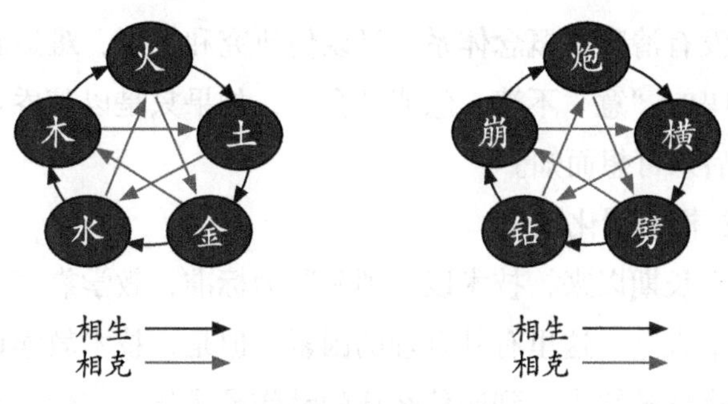

五行与五拳

图8-4　五行拳与五行生克关系

8.2.3 传武不足

8.2.3.1 概念界定模糊

传统思维常常是有概念没定义。有一种“日用不知”的习惯，传统武术深受影响，很多拳种、术语、名称并没有一个清晰的定义，不符合形式逻辑的下定义原则。即使在武术学院的专业教材中也很难看到严格的符合形式逻辑的定义，如对拳种的界定，“查拳是我国北方广泛流传的一个拳种，在回民中盛习此拳”，“通背拳，又名通臂拳，是流传在我国北方的主要拳种之一。”[1]

传统武术的技术术语，也存在缺乏逻辑，没有严格界定的问题。太极拳的八法“掤、捋、挤、按、采、挒、肘、靠”中，其中前6个劲法均是动词，第7个“肘”是身体部位名称，虽然可以作为动词解释，但是并没有保持逻辑一惯性。再深入探索每个字的含义，八法的用力方式也是仁者见仁。

传统武术的许多动作名称也是写法多样，含义各异。太极拳常见的“揽雀尾”有的写“拦截回”“懒扎衣”，双推掌动作有叫“抱虎推山”“豹虎归山”“虎抱头”。形意拳的“tai”形也有“骀”“鸟台”[2]等。戚继光在《拳经三十二势》中记录的“邱刘势”“沉香势”“井栏四平势”等含义难以解释，意见不统一。

针对传统武术的定义问题，有人认为是一个动态过程，甚至认为不必要下定义，试想一个连自己都难以说清楚的技术，如何进行传播，又怎么能让人接受?

[1] 全国体育学院教材委员会.体育学院专修通用教材：武术［M］.北京：人民体育出版社，1991:55-58.
[2] 李天冀，李德印.形意拳术［M］.北京：人民体育出版社，1981:84.

一门学问，没有清晰的概念体系，又谈何研究和发展，难道真的是“只能意会，不能言传”吗？“意”不清，怎能“会”，如果只是以其昏昏，使人昭昭地传播传统武术，后果可想而知。

8.2.3.2 标准量化缺失

传统武术长期以来，技术以“师父”为标准，教学靠“口传身授”，训练依据“修行在个人”，这里有其合理的因素，但是，技术教学训练依赖个人经验而定，客观量化标准缺失。到底什么样的动作最优化，有什么客观指标评价，武术教学的方法有没有规范和标准，怎么评价教学质量，针对个体运动的数量和强度多大为最有效等一系列问题都是长期困扰传统武术的瓶颈。

形意拳有言“万法出于三体势”，可是什么样的三体势动作是正确的呢？不同流派，不同人，即使是同一老师所教的学生也是千姿百态。站桩的练习时间更是说法不一，有的老师要求40分钟，有的说1分钟，又有人说不用站，怎么练习五花八门，让习练者莫衷一是。

有的人认为传统武术就应该是因人而异，不该统一标准化，也有人认为不进行标准化、科学化，传统武术不可能发展。如何取舍，需要深刻反思。如何既能解决个体差异，又能做到客观标准化是一个难题。

8.2.3.3 文化传承异化

传统武术的文化属性没有人怀疑，可是，在实际的传承中文化属性却常常被空化、玄化、僵化。传统武术的一些拳师确有苦练出来的“功夫”，相信“打遍天下无敌手”，缺少必要的文化素养，教拳、教功，不教文，结果是传统武术只是技术方法，上升不到哲理思想层面，体会不到至武乃文的深刻内涵，难以“由技入道”，做不到“技道一体”，文化化为了“空化”。在以往的国际武术传播中也出现过这一现象，站在技术层面传播武术，把传统武术套路变成“中国体操”，散手等同“自由搏击”，功法练习就是锻炼“一般身体素质”，完全矮化了传统武术的文化思想。

有的拳师有一定传统文化知识，但是又把文化过度渲染，把武术技法变成“神道天授”，一些练功感觉说成“天人相通”，出现了不少超越力学原理的“隔空打人”神化，一定程度上把传统武术文化演绎成了“神化”。还有些拳师不因客观变化而变化，死守所谓传统文化。如按照五行拳的理论，劈拳属金，崩拳属木，五行生克理论是金克木，所以，崩拳打来一定要劈拳破。但不管什么条件下，都恪守这一原则，遇到速度力量劈拳完全克制不了的时候，依然用劈拳破崩拳，完全陶醉在自己的世界里，即忘了“乘侮”的五行学说，又不知道格斗的规律，套上了“僵化”的桎梏，只能以失败告终。

8.3 传统武术出路

8.3.1 突破思维

8.3.1.1 中西文化融合

摆在我们面前的主要思维方式就是中西方思维，两种思维的特点也是较为清晰的。季羡林先生认为两种思维“最根本的区别是思维模式、思维方式的不同。西方文化注重分析，一分为二；而东方文化注重综合，合二为一。东方文化注重综合，综合出技术；西方文化注重分析，分析出理论。”显而易见，走中西文化结合之路，是当下能做到的最佳选择。“我们的目标是要建设具有中国特色的社会主义文化。为了达到这一目的，我们必须走中西文化融合之路，走综合创新之路”。[1]

张岱年先生明确提出“我们认为，无论是‘中体西用’还是‘西体中用’，也无论是国粹主义还是‘全盘西化’，都走不通，只有辩证的综合创造，才是中华民族文化复兴的坦途。”[2]

8.3.1.2 异同中求创新

传统武术在当今社会面临的第一个大问题就是传承问题，一方面需要解决的是传统武术拳种近百种，似乎很多；另一方却是传而不统，统而不全，似乎完整系统的拳种又很少；再有社会高速发展，生活和工作节奏不断加快，文化日益多元化，留给传统武术的空间有限，不可能让各个拳种都同步发展。

传统武术要想更好地走下去，践行三个坚持必不可少。其一，在风格各异的拳种之间求同。从社会需求度、技术完整度、风格独特度三个维度，对百余个拳种先从种类层面，普查、筛选、创新性构建具有文化代表性、功效科学性、技术系统性的旧拳新种。其二，在同一拳种的不同风格特点中求同。针对某一拳

[1] 张岱年，程宜山.中国文化论争［M］.北京：中国人民大学出版社，2006:335.
[2] 张岱年，程宜山.中国文化论争［M］.北京：中国人民大学出版社，2006:326.

种，根据拳种的本质特点，最大限度整合不同支流的共性，创新性建立全方位体系标准化，可以广泛推广的某一拳种的多支一系经典拳种。其三，在实践经验基础上，引入实证科学，助力创新。传统武术传承就像是“工匠心心传授的‘手艺’”。西方却一切要根据科学——用一种方法把许多零碎的经验，不完全的知识，经营成学问，往前探讨，与手艺全然分开，而应付一切，解决一切的都凭科学，不在手艺[1]。之所以传统武术有百余拳种，其中与长期个人靠经验传承，每人感受不同有直接关系，要想把拳种进一步规范化、科学化、世界化，就必须借助实证科学，使学有标准，教有方法，练有符合，做到由经验向科学转型。当然，前提是不改变拳种的属性。

8.3.1.3 同中建异标准

传统武术的技术、教学、训练缺少科学标准化，武林界的“假大师”“约架”风波其实也和大师评价和赛事组织缺少必要规范有关，因此，建立科学标准的传统武术体系尤为重要。

西方哲学，严格的逻辑思维，高度分科之学，擅长具体标准化。可是，机械化的标准，似乎难以体现个性的多元；中国思想，重视直观体悟，整体功能发挥，优在个体体验，但缺少必要的标准，似乎说不清楚。

8.3.2 形意案例

8.3.2.1 拳种之间整合

当以人体为载体审视拳种时，能发现“人体”是通过“技法”将不同拳种连接成有一定联系的系统的，戚继光提出的“兼而习之”就是一个实例，近代山西形意拳学习弹腿也是各拳种融会贯通的例证，说明各拳种之间存在互补与联系。这里我们从技法和人体结构角度尝试做个分类：

（1）功架类，主要拳种如查拳、华拳等，以练习基本功架、基本功、基本技法为主，侧重身体基本形态练习，能全面打好身体素质，适合初学入门者学习；

（2）长击类，如劈挂、通臂、戳脚等，这类拳种突出在功架基础上的放长击远技法练习，作为入门以后的提高，突出了上肢臂背掌和下肢腿脚的技击技

[1] 梁漱溟.东西方文化及其哲学［M］.北京：中华书局，2013:28.

法，进一步开发了人体"先求开展"的素质；

（3）短打类，如番子、八极、南拳、形意、少林等，这类拳术在开展基础上"后求紧凑"，突出上肢拳法、肘法等技法，长击技法的补充使得武术技术全面发展；

（4）象形类，如螳螂、鹰爪等，这类拳术增加学习情趣，突出特殊技法如螳螂拳对勾法的应用，鹰爪对爪的使用等，是全面提高身体素质的有益补充；

（5）圆柔类，如太极拳、八卦等，这类拳术更加注重内在文化思想的表达，内与外的统一，对思维、文化修养以及内脏功能的改善价值突出，体现出一种哲理高度的技击方法，促进了中国武术技术从掌、拳、勾、爪、肩、肘、胯、膝、腿、足的部位使用与锻炼到打、拿、顶、撞、靠、踢、跌等技法的丰富与全面，从外在招式变化到内里劲意的贯通，充分体现了中国武术内外兼修兼用的全面整体性。

由此，我们可以从内在逻辑搭起一个学科体系（见表8-1）。这样，按类选取拳种，整体建立起较为完整的系统拳种知识体系。此外，还可以将一些有特色的拳种，具有保护意义的稀有拳种列为其他类，单列或纳入本体系予以设立。

表8-1　拳种技术体系内在逻辑性结构模型

内容	功架类 查拳或华拳	长击类 劈挂或通臂、戳脚	短打类 番子和八极、南拳、形意、少林等	象形类 螳螂、鹰爪、地趟	圆柔类 太极拳和八卦
突出技法	初步全面	掌法、臂法、腿法	拳法和肘法	勾法、爪、跌打	柔化和走转技法和劲法
锻炼功效	全面打好素质基础	身体对应部位离心发展	身体对应部位向心发展	弥补局部锻炼不足	追求内外高度协调发展

8.3.2.2 拳种内部整合

同拳种不同技术流派的整合。在有限的时间、特定的受众，从国家、学校层面，标准化推广某一拳种的方法。首先确定某一拳种后，然后具体选择内容。由于同一拳种不同流派差异巨大，就是同一流派差异也是十分明显，例如形意拳，不同地区差异明显，见表8-2。不同地区的形意拳的动作姿势不同，风格特点不同，即使同一地区的动作与风格也不同，常常是同一个桩法动作却千差万别，以三体势为例，见图8-5。

表8-2　形意拳不同流派技术体系比较表

	山西	山西戴氏	河北	河南
基础桩法	三体势	“六合式”、“站丹田”	三体势	多称为“心意拳”，桩法有鸡腿桩、鹰熊桩。
基本拳法	五行（劈、崩、钻、炮、横）、十二形拳（龙、虎猴、马、鼍、鸡、鹞燕、蛇、骀、鹰、熊）为主	会意拳法：三拳、五行拳、七炮、五膀；象形拳：十大形、七小形。	五行拳、十二形拳为主	拳法以十大形、四拳八式为基本拳法。基本拳法为十大形（龙，虎、鸡、鹰、蛇、马、猫、猴、鹞、燕）
基本套路	单练套路有五行连环、杂式锤等，还有对练和各种器械	单练套路螳螂闸势、连环拳等	与山西相似	单练套路有龙虎斗、十形合一、上中下四把等
风格特点	特点是拳势紧凑，劲力精巧。	束展有方，快慢相间，行身如槐虫，六合整劲	拳势舒展，稳健扎实	拳势勇猛，气势雄健

注：本表依据《中国武术拳械录》、《戴氏心意拳》综合而成。

图8-5　形意拳各流派三体势桩法比较图

面对如此不同的形意拳内容，如何优化其具体内容体系呢?

其一，根据目标，立足拳种。如果是在学校传播形意拳，或者是以段位制形式推广形意拳，就必须在有限条件下，明确推广目标。如以在高校武术专业传承形意拳为例，教学目标是“系统掌握形意拳的基本技术体系”，课时限定在12学时。而要做到这一点，就要创新性完成形意拳的体系重建。

其二，溯源探本，整合流派。拳种从一个源头，到多个支流的流变过程，其实，走了一个演绎分化的过程，而同拳种不同流派的整合又走上了一个归纳统合的过程。

拳种流派的不断分化是历史环境、地域文化、技术载体甚至是缺少信息交流、没有同台竞技等原因造成的。统合是拳种发展的需要，是武术逐渐走向世界的使然，是一次科学的回归与发展。

形意拳之所以称之为形意拳，必然有它内在的本质属性，从历史传承的线路可以看出有一条主线贯穿其中（图8-6）。但我们似乎又难以把握这条体系的主脉，因此，我们不妨从外到内，纵横交错地去认识和把握形意拳的根本。

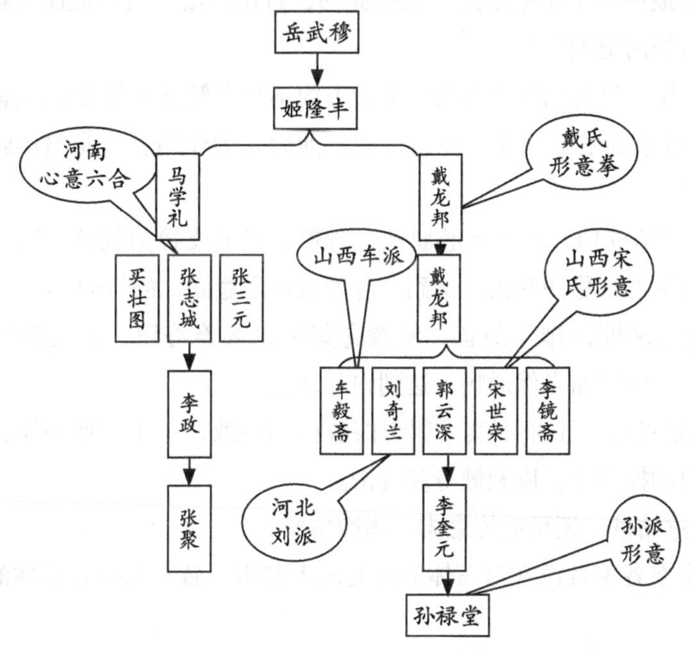

图8-6　形意拳传流表

其三，横向，审视各家各派共性的内容，抽取最为基本的内容。如，从练习内容看，不管哪派形意拳，都有桩法、基本拳法、套路的练习形式。因此，我们不难整合出形意拳的共性练习形式即桩法——拳法——套路。可是同样的桩法动作，做法与动作姿势明显不同，如何取舍？这就需要追问桩法的本质是什么？功能是什么？

宋光华在其所著《宋氏形意拳》中认为：练习形意拳均以三体式（势）为重要的基本功之一来站桩，这是求得六合浑圆整劲的最基本功法。它按照形意拳学的理论要求与要领，将人体安排成为一个完整的基本姿势，在形意拳的动作中，均按此基本姿势与要领来要求，从外形上讲求手与足合、肘与膝合、肩与胯合的外三合，在体内则讲求心与意合、意与气合、气与力合的内三合，内外合一称为六合式。其次按人体部位分为头、手、足三体，以及按三体又分为三节等，故形意拳有“万法出于三体式”[1]之说。

再如，吴殿科主编的《形意拳拳术大全》中描述：“形意拳三体式桩功，是依据形意拳拳理、拳法的基本特征和要求，按照人体三节（躯干、上肢、下肢）之活动组合而成的一个站桩形式，久练此功，丹田所凝之气可成团状物，并随着练功时日的增加而增大”[2]。

由此，总结三体势的主要目的，大的方面不外乎健身和技击。具体包括：

（1）通过站桩上下互撑，左右争衡，前后互为作用，全身整体配合，求得六合浑圆整劲。

（2）通过站桩功，增加下肢肌肉，骨骼，经筋支撑力韧性，锻炼上下肢和全身的动作协调性，稳固底盘，达到“身如桩木之稳固”的目的。

（3）通过站桩，排除杂念，使意念集中，气养丹田，元气充盈，通督通任，以壮内脏，使气路自然通畅，达到内壮外坚。

（4）通过站桩，上松下实，躯干四肢协调一致，上下浑然一体，增强肌肉筋骨的耐劳力和控制力，以利健身和技击。

（5）通过站桩，还可锻炼意志、陶冶情操。

综观形意拳各家各派在对三体势的要求上基本一致，只是在具体的做法上有

[1] 宋光华.宋氏形意拳［M］.太原：山西科技出版社，1999:22.
[2] 吴殿科.形意拳拳术大全［M］.太原：山西人民出版社，2000:4.

所差别，也就是说形意拳桩法追求的目的和作用是相同的，这也正是能够统一形意拳的前提所在。

为此，我们不妨借助当代科学手段对不同桩法进行测试，由此确立最佳的桩法动作。

按照这样的思路和方法我们将能整合出最为基本的拳种内容体系。

其四，纵向、深刻地把握拳种技术核心，不断优化内容体系。各个拳种由于长期的发展演变，支流众多，内容体系也不断繁衍，确实很难完全统合，而且，仅从横向抽取共性内容就足以让课程内容撑爆，因此，必须纵向深度把握拳种核心技术内容，优化内容体系。如形意拳走了一条由形到意、从外到内、象形取意、意转形生的道路，逐渐归纳出“展、截、裹、胯、挑、顶、云、领”八种劲法。作为拳种核心，牢牢把握这一主线，为我们达到深刻理解拳艺，真正做到对“不同拳种、器械的风格特点进行技法分析”目标提供最有力支持，这样我们可以构建出由博归约，回归发展的拳种流派内容体系模型图，见图8-7。

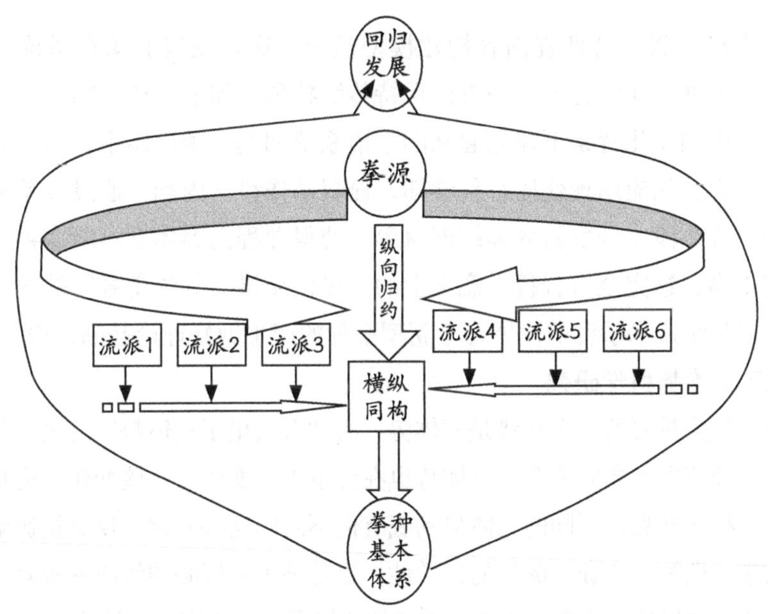

图8-7 拳种流派内容体系模型图

按此模型建立形意拳课程基本体系，见表8-3。

表8–3 形意拳课程体系一览表

种类	山西	山西戴氏	河北	河南	整合课程内容	说明
基础桩法	三体势	“六合式”、“站丹田”	三体势	鸡腿桩、鹰熊桩。	单重三体式	课程内容经过科学论证
基本拳法	五行 十二形拳为主	五行拳 十大形	五行拳 十二形拳	四拳八式 十大形	五拳 八形	提取共性，按传统理论和科学实验确立
基本套路	五行连环 杂式锤	螳螂杂势 连环拳	与山西相似	四把 十形合一	连环 合一	综合全面
风格特点	拳势紧凑，劲力精巧	束展有方，快慢相间，行身如槐虫，六合整劲	拳势舒展，稳健扎实	拳势勇猛，气势雄健	兼容并包 特点突出	回归发展 科学实效

这个拳种流派整合课程内容构建模型是一个循环发展的动态系统，不断分化——整合发展，在整合中，一方面保持传统特色，如拳种核心功法、技法、特色拳势以及中国文化背景下建立起来的术语系统和基本理论体系；另一方面注入现代科学活力，如应用现代体育科学知识诠释动作科学内涵，通过试验证实，寻求更好的训练手段，开发新的训练器材等，使得课程内容体系不断完善，一次比一次的起点高，这完全符合科学意义上的“纵横交错，分统交替”的学科发展规律，为以后传统武术拳种的发展乃至新型拳种的产生做好理论基础建设。

8.3.2.3 拳势科学研究

形意拳最为重要的一个拳势是三体势，有“万法出于三体势”之说，从形意拳创始以来，分演出不同的流派，三体势也在传承中，发生了一些变化，究竟三体势怎么做更具科学性呢？不同的三体势到底有何不同？这些问题不仅直接影响到了形意拳的教学、训练、竞赛、健身的科学性，也是拳种发展必须解决的难题，借助科学研究方法，在保持三体势整体结构不变的前提下分步研究是一种探索。

本研究的目的是为深度探求三体势的运动机理，服务于健身和竞赛需要，为教学训练强度的制定提供科学依据。

方法：采用肌电测试系统对17位形意拳练习者的形意拳三体势单重桩和双重

桩站桩过程中EMG（肌电图）变化情况进行记录。

结果：单重桩右腿承担体重的贡献率占72%，双重桩右腿贡献率占60%，三体势桩功均在40秒后就开始出现主要肌群的疲劳，有明显抖颤感。

结论：验证了传统意义上的前4后6式体重分配的三体势，更多的是指双重桩，而前3后7式的体重分配为单重桩；单重桩和双重桩主要锻炼肌肉无明显差异，主要为支撑体重腿的股外、内侧肌；双重桩前支撑腿的股外侧肌负荷稍大于单重桩；相同条件下单重桩对承重腿的刺激深度大于双重桩，有利快速出功长劲；双重桩两腿承重比例有利前后的稳定；动作姿势正确的条件下，三体势桩功练习时机体产生疲劳的时间阈值为40秒。见图8-8至图8-10。

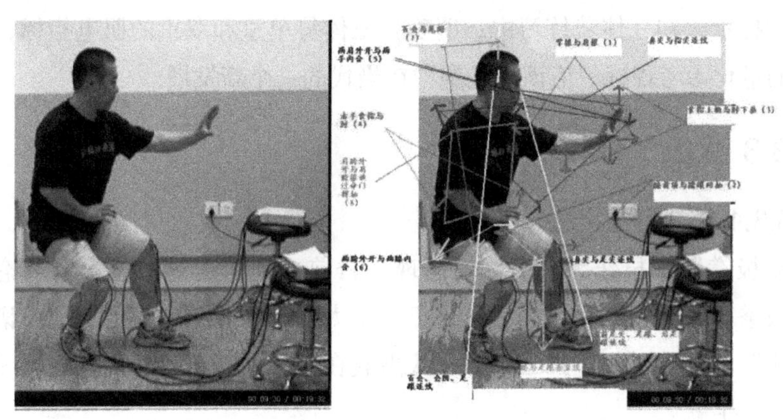

图8-8　三体势肌电测试

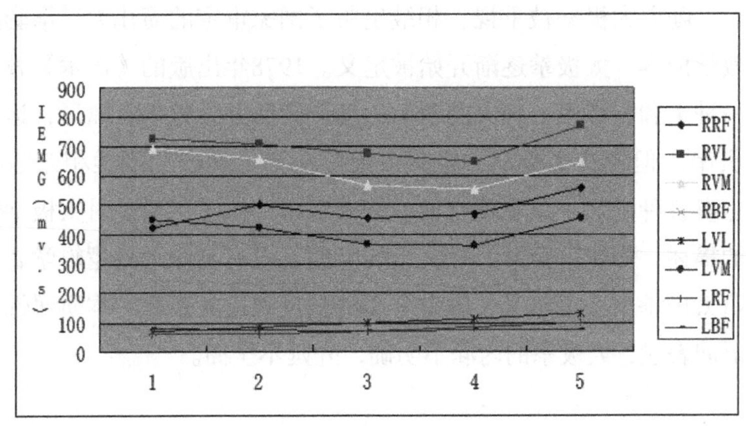

图8-9　单重三体式肌电积分变化趋势

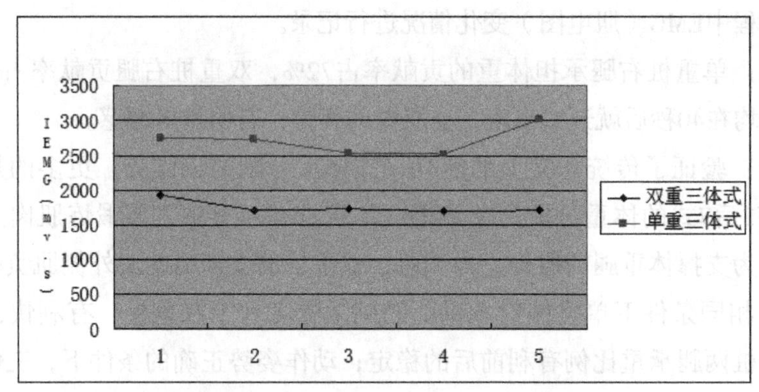

图8-10 单双重三体式试验过程肌电积分总体变化趋势

研究提示，在三体势练习中，明确了三体势单重和双重的肌电指标，给出训练负荷的量化参考指标，应该说是拳种在当代的一个新发展。

8.3.3 太极案例

8.3.3.1 逻辑界定概念

“太极拳”最早作为一个词语出现，目前看到的资料是《太极拳论》。关于《太极拳论》的出处，李亦畲在《王宗岳太极拳谱跋》中写道：“此谱得于舞阳县盐店”。咸丰二年（1852年），武禹襄在其兄武澄清所任知县处得《太极拳谱》和《打手歌》[1]。

“太极拳”一词长期被使用，但在流传中，有概念无定义。中华人民共和国成立以后，随着太极拳被重视，相继出版了国家审定的简化太极拳套路，成为高等院校教学内容，太极拳逐渐开始被定义。1978年出版的《武术》教材定义：太极拳是一种柔和、缓慢、轻灵的拳术。动作圆活并处处带有弧形，运动绵绵不断、前后贯串。但各式太极拳，也有大架、小架、开合、刚柔相兼等不同的特点，此外也有各种定义，纵观现有的一些太极拳“概念”只是对太极拳特点、作用、分类的描述，而非下定义。最突出的问题是没有按照形式逻辑学属加种差的定义方法给太极拳下一个定义，没有全面深刻反映出太极拳的本质属性，缺乏清晰准确的语词表述，太极拳的内涵不明确，外延不全面。

[1] 于志均. 中国传统武术史［M］.北京：中国人民大学出版社，2006:284.

概念的产生是人们认识过程的质变。概念不是一个具体的形象，概念只反映事物的特有属性，而不反映事物偶有属性。定义是揭示概念内涵的逻辑方法。下定义的方法主要是：被定义项=种差+临近的属。此外还有词语定义法。

太极拳的属性。一个事物的性质与关系，都是事物的属性。事物的形状、动作以及运动形态都是它的性质。太极拳作为一个客观存在，组成太极拳的基本单位是拳势，如，“白鹤亮翅”“野马分鬃”等动作就是太极拳的拳势。拳势由可见的动作以及隐藏的作战意图构成，可以是一个动作，也可以是几个动作的组合，拳势的结构决定了其核心具备攻防性质，由此，也决定了太极拳的属性——攻防拳性。按照种属关系的思维路径，从上自下为，中国文化——武术——拳种——太极拳。

太极拳种差。与太极拳最邻近属就是拳种。拳种是以特征核心技法为载体，以独特的拳理为依据，以功、套、用有机整体为表现形式，有序传承、体用多能的武术门类。武术，是以拳势技击为主要内容，以传统文化为理论基础，以拳种为存在样式，融功法、套路、格斗三位一体为运动形式的一种人体技击文化。

从拳种层面，由表及里逐层透视太极拳的种差。第一，命拳称谓。以太极哲理命名拳名，是太极拳明显区别于其他拳种最为直接的标志。第二，立拳理论。上升到意识层次，按照阴阳哲理解释拳术，成为创立拳术的基础理论之一。也是太极拳的重要特征，虽然有些拳种，如苌氏武技也以阴阳哲理作为立拳解拳的重要理论，但是却没有太极拳更为直接。第三，创拳要素。太极拳最早被称为“十三势”，独树一帜地提炼出了掤、捋、挤、按、採、挒、肘、靠八种劲法，由具体拳势承载。以及进、退、顾、盼、定五种步法。八法不是八个动作，而是八种用力方向与技法的综合，体现了一种“支撑八面”的整体思维。五步作为一种空间变化状态，表现为步法、身法、眼法，其实与八法共同构成了在时空中的整体运动观。第四，练拳要义。太极拳的外在运动轨迹表现为圆活弧转，用力状态松柔沉稳；内在是以意导体，按窍运动；最终身心合一，内外兼修。

太极拳定义。按照逻辑学下定义的方法，界定太极拳是以阴阳哲理命名并作为立拳理论基础，以十三势为技术要素的武术拳种。

太极拳概念的内涵从表及里，是以“太极”命名——阴阳理论立拳——十三势。太极拳外延有较为公认的陈、杨、武、吴、孙五大流派。

8.3.3.2 科学解说特点

太极拳，一般被描述为“柔和缓慢，行云流水”等运动特点，这是一种直观的形象比喻，便于表象理解，但是难以说清楚，缺少更为客观、深刻的机理解释，特别是在跨文化传播中，难以适应没有传统的“以象取理”思维背景，长期接受“哲科思维”人群的思维。我们在保留太极拳整体思维特点的情况下，采用科学语言，试图打通中西文化之隔，讲清楚原本不容易说明白的传统太极拳，传播好太极拳文化。

其一，松。（1）直观描述：“用意不用力”“柔和”“放松”等。（2）拳谱拳论：“身灵”“以气运身”“每一动，惟手先著力，随即松开”“擎引松放”等。（3）科学解说：静态松是指人体在维持基本姿态和动作过程中，主动肌最小收缩用力，而休息肌主动舒张，客观指标是可以摸到肌肉柔软，无血管膨胀。动态松是指身体关节在维持平衡状态下，通过意识控制一侧的关节位移，出现势位差，使身体顺势流动，达到新的平衡，然后再周而复始地连绵运动。客观指标是对侧肌电依次有序变化。松的动力是既利用肌力，更利用重力，是肌力与重力有机统一的一种自然运动。松即练习肌体紧松，更练习神经对肌肉的有序控制，是有序紧松的协调运动。

其二，慢。（1）直观描述：“像摸鱼”“像空中游泳”等。（2）拳谱拳论：“步如猫行”“迈步如临渊”等。（3）科学解说：松的用力模式形成慢的运动速度。客观标准是在基本保持人体日常心率范围内，“内静外动”机能节省化运动。人体的生理运动规律促使人在相对慢的运动中，才能做到意识控制身体，是训练神经指挥肌肉运动的手段，而不是目的。拳论要求“动急则急应，动缓则缓随”，在实际的应用中应该做到，既可以柔和慢速，也可以刚劲快速，是可快可慢的控制。

其三，和。（1）直观描述：“像气球滚动”“不急不慢”等。（2）拳谱拳论：“上下相随”“主宰于腰”“满身轻利顶头悬”“活似车轮”等。（3）科学解说：和的核心是平衡，静态是身体部位的对向用力，保持身体在各个方向的张力，稳定重心。动态是凡动时需做退让性肌肉运动，保持用力的张力，双向度平衡。更为重要的是休息肌的用力只是保持神经警觉的状态，不是肌肉的收缩，这里体现出太极拳用力模式的身心统一性。和的另一种表达是与外力的平衡，太极拳推手就是其运动形式，所以太极拳的和主要是练就平衡能力，既练个人利用重力的平衡，更练化解他人阻力的平衡，达到“不倒翁”的平衡能力。

8.3.3.3 太极拳技与道

太极拳缘起人类的“攻防本能”，将人类“增值报偿”的本能延续，在精致的传统文化滋润下，“幼态持续”到今天，成熟为一个彰显人类身心智慧的“技道一体”文化精品，为人类通过身体感悟自然之道，感受生命情感，提供了“以武证道”的新途径。

太极拳的技术与哲理融为一体，见表8-4，其中，许多内容需要在不断的实践中，不断反思和完善。

表8-4　太极拳技术与哲理关系表

传统武术哲理体系总论		太极拳技术与哲理体系分论			
五论	内容	指代	技术	哲理	拳理
本体论	内外整劲	太极拳劲	十三劲法	天地阴阳	屈伸开合
认识论	身心一体	内运外动	以意导体	身心一元	混元一气
知行论	体用兼备	单练对练	功套推手	盈虚消长	以柔克刚
价值论	求劲悟道	由技进道	体悟拳势	人法自然	技道一体
伦理论	师徒家庭	尊师重道	礼仪规范	敬祖宗法	仁义诚勇

在太极拳的本体存在方面，太极拳的十三势是核心，但是长期以来难以阐释清晰，我们从逻辑一贯性、技术实践、比类思维三个维度思考太极拳的十三势，做如下诠释。

掤劲，由内向外的用力为掤。掤是在关节角度、肌肉用力、意识贯注协同作用下形成的身体间架（太极拳身型），而产生的一种由身体中心向四肢发放，支撑八面的身体张力，象充满气的气球在受到压力时而产生的弹力，又似手按水中浮漂时的反作用力，传统拳论又解释为“如水负舟”“全身弹簧力”。掤是太极拳劲法总纲，其他劲法皆以此为基础。

捋劲，由外向内弧形用力为捋。在掤劲基础上，当受到攻击力时，顺其力向通过旋转改变力点和力向，由外向内，向侧变化的劲力。形象比喻如车轴左右旋转作用，又似以手按压转动的车轮，沿切线滑出。

挤劲，相向合力为挤。挤是在掤劲基础上，合力向某一点运劲穿透的劲力。

如同生活中两手指合力挤牙膏，又像压面机挤压面条。

按劲，由上向下近似垂直用力为按。按是在掤劲基础上，周身合力压迫封阻对方攻击力的劲力。有“刚在他力之前”打“闷劲”的意味，不是蛮力对顶，常常是由上向下，向前折叠按击，犹如大海波浪拍打之势。

採劲，合力抓握同时向下用力为採。採是在掤劲基础上，由上、外向内、下回收顿挫的劲力。形象比喻像采水果，实际采摘时，我们都会选择成熟的果子采摘，其实拳术同理，判断对方力点所在，向其虚处采引，令其失去平衡。

挒劲，反向用力撕开之力为挒。挒在掤劲基础上，顺对方攻击力方向顺引而复折使对方旋转失去平衡的劲力。生活中像脚踩西瓜皮时身体想维持平衡结果还是摔到的感觉。像旋涡卷物，似旋转抛物。

肘劲，通常解释以肘击，事实上不准确，是由下向上掀起之力为肘（搊）。字典意思是“从一侧或一端托起重物”，生活中指当人非常气愤时，如将桌子等物体掀翻。从太极拳八法分析，有以由下向上为主的掤劲、由外向内为主的捋劲、由上向下为主的按劲、由内向外为主的挤劲、由上向斜下为主的採劲、由斜上到斜下顺向用力而复逆向用劲的挒劲、以平行向下或上的靠劲，唯独缺少由下向斜上的劲别，因此，编者认为肘实际是北方人说的搊，其含义是由下向斜上方的一种旋转力，恰似把人体比做桌子，而将人掀翻抛出。

靠劲，身体整体移动的冲撞力为靠。靠是在掤劲基础上，身体整体合力的撞击劲力。最为常见为肩靠，有前肩靠、后肩靠之分，被靠的感觉就像被小车撞击一样。

进步，向前、向上移动，从外面到里面为进。进在太极拳中主要指步法，有上步、进步，上步是两脚平行站立的情况下一脚向前位移或两脚前后位站立时后脚越过前脚向前位移；进步是两脚前后位站立时前脚向前位移。与五行火相对应。

退步，向后移动，离去为退。退步是两脚平行站立的情况下一脚向后位移或两脚前后位站立时前脚越过后脚向后位移；撤步是两脚前后位站立时后脚向后位移，退步和撤步一般配合运用于防守动作。与五行水相对应。

退就是在对方正面攻来时，我向后退步或重心后移以引敌进而落空，使其攻势失效而处于被动地位的技法。

左顾：向左回头看为顾。在太极拳步法中左脚向左侧位移为左行步。与五行木相对应。左顾就是在遇对方攻来时避开正面而由左侧绕进，以避实击虚来克敌制胜的技法。

右盼：向右看为盼。在太极拳步法中右脚向右侧位移叫右行步。左右对称，左表示绕进，右为撤退。与五行金相对应。右盼是遇强攻时，右转后退使其攻势失效。

中定：一定范围内适中的位置和四方等距离的地位为中。站立中央不移动为中定。在太极拳中则应为以静制动、固守原地之意，保持身体居中位置。与五行土相对应。

中定也是太极拳中不动的步法。意想丹田（重心）下沉降低重心保持稳固。在练拳架、推手和技击中的一种相对稳定的状态。

当超越动作形态、招式方法，提升到修炼劲，是我们“求劲悟道”的法门。为此，在哲学层面认识太极拳，必须由“劲”开始，但是，这将是一个伴随一生的过程，“每日细玩太极拳，日久自能闻真道”。

结 语

中国传统武术从人类攻防本能原点出发，从历史一路走来，站在中华大地上，在华夏文化滋养下，历经腥风血雨，生死相搏。智慧善良勇敢的中华民族终于走出了茹毛饮血的蒙昧格杀，走向文化的对抗，走进文明的对话，形成了以拳势技击为主要内容，以传统文化为理论基础，以拳种为存在样式，融功法、套路、格斗三位一体为运动形式的一种人体技击文化。

文字是构成文学的基本单位，拳势是构成武学的基石，功法、套路、格斗三位一体是中国传统武术的完整存在体，在此结构上呈现的是一种技艺，一种精神，一种“武化”。“武化”是通过教人求生存自卫的知识和技能，使人成为人的教育，她追求的是至武乃文的真，打而不痛的善，威而不暴的美。中国传统武术技法包括踢、打、摔、拿、击、刺、格、洗等几乎涵盖人类所有格斗技法，仅从擒拿技演进看，从绝脰、掔头技——绝亢、压脉技——拿腕折臂技——拿体拿穴技——缠腕技——上拿下管——对练套路，可见原始的格斗本能及血腥的格杀味道逐渐烟消云散，化来的是对“攻防本能”的文明保留。中国传统武术看似格斗功能降低，实则使人成为人，脱离了动物的“野性”，从“吴戈”“秦弓”到“南拳北腿”“东枪西棍”，形成了一个文化整体，创造了番拳的打、戳脚的踢、劈挂的劈、八极的顶、鹰爪的拿、地躺的跌等拳种体系，将人类的格斗引向了一个文化高峰，使人的“攻防本能”因人而各尽其长，个性得到充分舒展，从而使人可以尽情选择自己喜爱的内容，不局限在单一的拳脚上。

中国传统武术在传统文化映射下，格斗意识自我觉醒，从格斗本能到格斗技术再由技入道不断转化，形成最具中国文化特色的各大拳种。太极拳重在粘黏连随、不丢不顶的化劲；形意拳重在筋骨内脏，内外六合的发劲；八卦掌重在拧旋走转，横竖剔透的变劲；通背拳重在放长击远，两臂条直的通劲；番子拳重在双拳如雨，翻转不息的脆劲；螳螂拳重在根固枝摇，臂勾如斧的叨劲。完成了通过“劲”的追求，开启人的“良知良能”，进入道的层面，构建起传统武术的“内外整劲”——本体论，“身心一体”——认识论，“体用兼备”——知行论，“求劲悟道”——价值论，“师徒家庭”——伦理论的基本哲学体系，最终形成技道一体，技道双向互通。传统武术与哲学之间是武可证道，道可弘武的双向度关系，由此开启武哲之学。

中国传统武术的拳种保留了人类最原始的“攻防本能”，延续了“增值报偿”“幼态持续”的本性，开发了人类身心智慧，为人类认识自己提供了最好的“标本”和践行途径。在当代全球化浪潮中文化多元化背景下，我们需要站在中西方哲学的交汇点上，客观理性审视中国传统武术，在文明互鉴中不断吸收外来文化有益的内容，不断丰富完善自己，就像佛教文化融入中国文化一样，我们期待中国传统武术文化走向世界文化中心，让中国传统武术散发的哲学光芒，给人类带来身心幸福！